INSTRUCTOR'S EDITION

Conversaciones creadoras

INSTRUCTOR'S EDITION

Conversaciones creadoras

Joan L. Brown
University of Delaware

Carmen Martín Gaite

D. C. Heath and Company
Lexington, Massachusetts   Toronto

Address editorial correspondence to:

D. C. Heath and Company
125 Spring Street
Lexington, MA 02173

Acquisitions Editor: Denise St. Jean
Developmental Editor: Joanne Miller Rodríguez
Production Editor: Renée M. Mary
Photo Researcher: Judy Mason
Production Coordinator: Richard Tonachel
Permissions Editor: Margaret Roll

Photo Credits

Page 1: Stock Boston/Owen Franken; *page 9:* Chip and Maria Peterson; *page 10:* D. Donne Bryant Stock Photography; *page 11:* Leo deWys/Bob Krist; *page 27:* Stock Boston/Mike Mazzaschi; *page 28:* Stock Boston/Michael Duyen; *page 29:* David Frazier; *page 45:* Monkmeyer Press; *page 46:* Comstock/Stuart Cohen; *page 47:* The Image Works/Mark Antman; *page 65:* Stock Boston/Peter Menzel; *page 66:* Comstock/Stuart Cohen; *page 67:* Chip and Maria Peterson; *page 85:* Stock Boston/Peter Menzel; *page 86:* Chip and Maria Peterson; *page 87:* Ulrike Welsch; *page 103:* Chip and Maria Peterson; *page 104:* Photo Researchers/Guy Dassonville/Vandystadt; *page 105:* Stock Boston/Peter Menzel; *page 123:* Stock Boston/Hazel Hankin; *page 124:* Stock Boston/Charles Kennard; *page 125:* Chip and Maria Peterson; *page 145:* Stock Boston/Nicolas Sapieha; *page 146:* Stock Boston/Peter Menzel; *page 147:* Leo deWys/Bob Krist; *page 163:* Stock Boston/Mike Mazzaschi; *page 164:* Beryl Goldberg; *page 165:* Monkmeyer/Hugh Rogers; *page 185:* Stock Boston/Peter Menzel; *page 186:* Odyssey/Frerck/Chicago; *page 187:* Monkmeyer/Hugh Rogers; *page 207:* Stock Boston/Michael Dwyer; *page 208:* Stock Boston/Michael Dwyer; *page 209:* Odyssey/Frerck/Chicago; *page 229:* Stock Boston/Frank Siteman; *page 230:* Stock Boston/Peter Menzel; *page 231:* Ulrike Welsch.

Published simultaneously in Canada.

Printed in the United States of America.

International Standard Book Number: 0-669-17373-8 (Student's Edition).
0-669-17374-6 (Instructor's Edition).

Library of Congress Catalog Number: 93-80475.

10 9 8 7 6 5 4 3 2 1

Contents

Text Objectives and Design

Learning Objectives

The primary goals of this book are fluency and cultural competence. To achieve enduring language growth and meaningful acculturation—beyond discourse management, to competence in real situations—students must have experiences in Spanish. Through "action learning"—strategic role playing and creative language use—students make the kinds of strides that otherwise could be achieved only through an extended stay in a Hispanic country.

Course Level

Conversaciones creadoras contains more than enough material for two semesters or three quarters of college work. In a strong language program, it can be introduced as an ancillary text at the mid- to high-intermediate level in the last required minimum-proficiency language course. The book then becomes a lure for students to continue with Spanish. Alternatively, **Conversaciones creadoras** can be the sole text for one or two quarters or semesters for a conversation course at the high-intermediate level. It may also be used in conjunction with a grammar review text for a conversation/composition course at this level.

Chapter Format

Each chapter is organized around an unfinished **Conversación creadora** and its functional topic. Each chapter also contains recurring sections that offer cultural information, lexical support with practice exercises, and reading practice with instructor-administered comprehension checks. In addition, there is an abundant supply of opportunities for creative language practice—to be accomplished individually, in pairs, in small groups, and as a whole class—from which the instructor may choose. The book's learning objectives and recurring chapter sections are outlined for students in the Preliminary Chapter. For easy reference, the Chapter Menu chart on p. IE-11 summarizes available options for assignments and activities.

The pedagogical aims, use, and anticipated benefit of each chapter section are as follows:

1. **Notas culturales**: Two brief prose sections provide a recent cultural frame of reference for the chapter topic. At the same time, the cultural notes afford an opportunity to read and extract information. The sections are divided into two parts—a segment about Hispanic America, followed by one on Spain—and are further broken down into Hispanic American regions. Students will appreciate the instructor's first-hand amplification of these notes in the form of information and anecdotes from the particular countries he or she knows best. A brief review of second-language reading strategies for students appears in the Teaching Suggestions for Chapter 1 (p. IE-16).

   Comprehension checks for these readings appear only in the Instructor's Edition. They consist of ten factual questions or items, five for each segment, and corresponding answers. (See the **Notas culturales** section, pp. IE-25–31.) Students' reading comprehension may be measured in several ways through these items. The questions may form the basis of a comprehension test, with students supplying written responses to orally delivered questions. Or they may be presented in written form as the basis for the test. Alternatively, the comprehension checks may be posed orally in class, with students volunteering answers.

Another effective use of these comprehension checks is as a prereading guide and homework assignment. The individual items may be given to students, either in writing or as a dictation exercise, before they begin work with a chapter. Students then will read the cultural notes to find the correct answers.

2. **Vocabulario básico**: This is the required vocabulary list in each chapter. Twenty-five essential vocabulary items are intended to be committed to memory to ensure basic command of the chapter topic. These items are organized according to parts of speech. In order to convey nuanced meanings, the words and phrases are defined in English. Notations are included when needed for accuracy: *H.A.* for "Hispanic America," *Mex.* for "Mexico," and *Sp.* for "Spain." The idiomatic expressions in this list are featured in the chapter's **Conversación creadora**. **Vocabulario básico** items are defined in marginal glosses when they first appear prior to this listing. Especially in later chapters, students will have passive recognition of some of these items. They should be congratulated when any of the items are already part of their active vocabularies.

The **Vocabulario básico** is designed to be the subject of testing. Weekly vocabulary tests can serve as a consistent measure of students' accomplishment. One particularly useful type of test is the "ten-sentence surprise": the instructor writes ten of the possible twenty-five items on the board, and students must use each word in a logical sentence. The vocabulary exercises that follow this list also can be used to measure acquisition. It is helpful to test vocabulary at the beginning of each chapter, so that students learn vocabulary before they undertake their creative work.

3. **Práctica del Vocabulario básico**: To give students a challenging focus for vocabulary learning, this section offers fifty practice items using varied formats. The practice questions can be self-checked in a limited way, since students know that each of the twenty-five **Vocabulario básico** items will be the correct answer twice. Answer keys for this section are provided for instructors' convenience. (See pages IE-33–38.)

4. **Conversación creadora**: Written expressly for this book by Carmen Martín Gaite, each of these unfinished dialogue-stories is intended to evoke an experience. At the same time, it affords a worthwhile model of authentic Spanish. Students will work independently to resolve this mini-drama, supported by the **Notas culturales**, the **Vocabulario básico**, and the ancillary **Vocabulario útil** at the end of each chapter.

The introductory classroom activities for this core section involve teaching geography and correct pronunciation, by locating the setting of each **Conversación creadora** (see the maps on pp. xiv–xvii) and by repeating the dialogue out loud. Two possible forms of dialogue repetition are staged dramatic readings by expert speakers, either in person or on tape (graduate students, colleagues, or even friends and family may be pressed into service), and choral repetition in class. For guidance on language learning through scenarios, including group formation, the three stages of scenario work, evaluation, and grading, see the "Scenario Pedagogy" section on pp. IE-4–7.

5. **Comprensión**: Students can monitor their comprehension and instructors can pinpoint areas of confusion using these ten questions following each **Conversación creadora**. They are divided into two groups: five factual questions labeled **¿Qué pasó?** and five inferential questions under the heading **¿Qué conclusiones saca Ud.?** The exercise format alternates between short-answer and multiple-choice for each section to maintain learner interest. Students are urged to answer these questions on their own and to bring queries to class. Answer keys for both sets of questions are provided. They follow the **Práctica del Vocabulario básico** answer keys for each chapter.

6. **Conclusión**: This section guides students as they initiate autonomous group work. Specifically, it reminds them to record their instructions and highlights the first choices they must make to conclude the **Conversación creadora**. This section frequently gives students permission to change the gender of a secondary character, indicated by the addition of a feminine form to the character's name or title. Whenever possible, students should role-play in the appropriate gender. This is especially important for women students who must become accustomed to describing themselves using the feminine gender.

7. **Escenas**: These four topic-based, English-cued conflictive scenes are gambits for "total production" in pairs. They develop oral skills and enhance performance on total-production tests (such as the ACTFL OPI). All speech produced, including discussion and subsequent reporting to the class, should be in Spanish. **Escenas** performances may be graded using the same criteria applied to the **Conversación creadora**.

8. **Más actividades creadoras**: This section contains ten opportunities for further practice of the chapter's topic and lexicon. Student practice can take place individually, in pairs, in groups, or as a whole class. Instructors can choose which activities to assign in each chapter to ensure variety and to meet the goals and time constraints of the course. Activities A, B, and C provide topics for homework or other independent work. Activities CH, D, and E involve collaborative work among students.

   A. **Dibujos**: The **dibujos** consist of three sequenced drawings that are intentionally ambiguous to encourage students to devise their own interpretations. Students' descriptions of the **dibujos** may take a number of forms, including a brief individual oral narration based on notes.

   B. **Uso de mapas y documentos**: Interaction with authentic realia is the basis for this section. Each item relates to the chapter topic but comes from a country other than the one in which the **Conversación creadora** is set in order to broaden students' cultural knowledge. Students analyze a map or other document to find the answers to three questions about it. The activity may be completed in class, or students may write their answers at home and read them aloud in class.

C. **Respuestas individuales**: These two questions elicit individual thought and response. The topics may be the subjects of oral reports, or individual students may lead the class in a discussion based on one of these questions.

CH. **Contestaciones en parejas**: These two goal-oriented tasks enable further communicative practice in pairs. Unlike the conflictive **Escenas**, these activities usually are collaborative.

D. **Proyectos para grupos**: For small groups of four or five, these two concrete projects encourage interpersonal negotiation and group performance. A sample project is the preparation and presentation of a guide to university social life for visiting exchange students from a Hispanic country.

E. **Discusiones generales**: Class discussions, with the instructor or a designated student as leader, explore the chapter topic or involve the class in a spontaneous group narration that relates to it.

9. **Vocabulario útil:** This "lexical buffet" of words and expressions is topically organized and grouped by part of speech. As a supplementary vocabulary, it is designed to augment students' lexical knowledge of the chapter topic and support their creative work in scenarios, the **Escenas,** and the **Más actividades creadoras**.

  The vocabulary list for each topic features a blank section entitled **Vocabulario individual,** for students to record other new words that they learn while working with the chapter. For this section and all their creative work, students must bring a Spanish-English dictionary to class. A brief lesson on how to use a bilingual dictionary is a valuable introduction to this section. See Chapter 1 Teaching Suggestions (Background Lesson One, p. IE-16). Individual vocabulary lists may be shared with the class and may even form the basis for personalized testing.

SCENARIO PEDAGOGY
Language Learning Through Scenarios

The **Conversaciones creadoras** are the pivotal points for this text, providing cues for role-playing interactions. These unfinished vignettes by Carmen Martín Gaite invite many productive techniques for learning language and culture, from traditional to experimental.

  One especially fruitful methodology for utilizing these creative conversations is language learning through scenarios. The scenario methodology is an outgrowth of the strategic interaction approach pioneered by Robert J. Di Pietro. His book, *Strategic Interaction: Language Learning through Scenarios* (Cambridge: Cambridge University Press, 1987), contains a detailed discussion of this methodology, which is a staple of ESL instruction and is becoming increasingly widespread in foreign language pedagogy.

The basis of this approach to language acquisition is an awareness that all language is used strategically, to achieve individual goals under mutual social circumstances.

The scenario is the fundamental learning tool of strategic interaction. Through it, students "are led to create a discourse in the target language that embodies the drama of real life" (*Strategic Interaction*, p. 41). Di Pietro's classic definition of a scenario summarizes the concept of strategic interaction: "A scenario is a strategic interplay of roles functioning to fulfill personal agendas within a shared context" (ibid).

The shared context of scenarios is contained in the cues upon which they are built. Scenario cues take one of two forms. The first type is more common: English-cued situation and role descriptions such as those in the **Escenas** of this book. The second type is rare: literary excerpts that provide enough detail to serve as scenario cues.

The **Conversaciones creadoras** offered here provide interesting and appropriate fiction for language learning through scenarios. The practical contexts presented go far beyond the sketchy situations that typically cue scenario work; their accurately rendered characters, compelling conflicts, cultural authenticity, and vivid language belong to the realm of literature. By involving language learners in dramatic experiences, these creative conversations spur students to generate purposeful, meaningful, and memorable interactions in Spanish.

Teaching With a Learner-Centered Approach

Language learning through scenarios is a learner-centered methodology in which the instructor plays two roles: expert guide, which involves monitoring comprehension, overseeing group formation, and serving as a resource and evaluator, which involves communicating expectations and assessing student performance. Dissonance between these two roles is avoided through the use of explicit evaluation criteria, discussed in the next section.

Before any scenario work can begin, students must understand the specific **Conversación creadora**. Only the instructor is capable of ensuring comprehension. The **¿Qué pasó?** questions will reveal students' factual comprehension, and the instructor can offer explanations as needed. He or she should review students' ability to make inferences about the characters and their predicament; the questions entitled **¿Qué conclusiones saca Ud.?** are useful points of departure for explanation and discussion.

Depending on the instructor's assessment of the linguistic fit between a given class and a particular **Conversación creadora**, follow-up activities may take different forms. Paraphrasing and summarizing in Spanish are the methods of choice, but on-the-spot English translation is acceptable if needed. The one prohibition in scenario work is that nothing is *written* in English.

Students should be informed that the **Conversaciones creadoras**—along with the **Notas culturales**—are readings that Spanish speakers find natural. Instead of being simplified, unfamiliar vocabulary has been glossed in the way that literary selections commonly are presented. This natural language may require students to work for comprehension, but it yields authentic reading material that is worth their effort.

Group Formation

Scenario work is group work. Students will rely first and foremost on one another, commonly receiving a shared grade for their performance. Group dynamics will be apparent in every phase of scenario activity: character choice, taking turns while brainstorming, mentor-learner relationships in rehearsal, and the actual scenario performance and critique. In addition to the usual factors that influence individuals' behavior in groups, such as assertiveness and task orientation, role playing and status here will be related to Spanish proficiency.

Ideally, group composition should be varied, so that students are exposed to multiple speakers. A simple way to promote changing group composition is to have students regularly divide into units in which at least one person is new to them. Balancing proficiency levels among group participants is another goal. To achieve this aim in a class with a wide range of proficiency levels, the instructor may choose to assign students to groups in specific ways: by assigning a strong student to anchor each group or by inserting a weak student into a group of strong ones. Mentoring also can be facilitated by making sure that a strong student or a strong-weak pair is present in each unit.

Scenario Criteria

Students should be prepared for directions on group formation and for the instructor's performance criteria for each scenario. These criteria give specific parameters for the scenario: number of minutes it should last, number of scenes it should contain, and any other requirements. Expectations for scenario preparation—such as the elimination of English from the brainstorming phase, when students have reached this level—also must be specified. At first, scenarios should be scripted (tightly planned): students generate a detailed course of action, recorded in Spanish in dialogue form. Later, the brainstorming phase may be shortened to yield unscripted or loosely planned scenarios.

The criteria used to evaluate scenario performance should be communicated to students at the outset, regardless of the scale used. Since the evaluation of student performance is a matter of instructor judgment, the evaluation scale should let students know which areas are being scrutinized. Typically, students wonder: Does grammar count? If the scenario involves unrealistic circumstances, will this count against them, and if so, how much? Are they graded individually or as part of their group?

Explicit evaluation criteria are a foundation of any successful learner-centered methodology and especially of this one. A forthright "grading pact" between instructor and students promotes two goals. First, by providing concrete expectations, an explicit approach allows students to focus their efforts efficiently. Second, by dispelling the perception that oral work is graded arbitrarily, it precludes any conflict between the instructor's dual role as helper and judge. Students must be told which aspects of their work will be evaluated according to a standardized scale. One effective and easy-to-use oral evaluation scale appears in the "Evaluation and Grading" section (p. IE-7).

Three Phases of Scenario Work

Rehearsal, performance, and debriefing—the three phases of scenario work—are different for instructor and students. For students, these phases denote planning, presenting, and discussing.

For the instructor, *rehearsal* involves communicating expectations and repeating them, preferably in writing on the board, and acting as a resource during group formation and brainstorming. *Performances* also involve oversight, along with assessment. Students act out their scenarios as the instructor watches—and possibly videotapes or tape-records—their "skits." *Debriefing* entails repair and formal evaluation: soliciting performance summaries and critiques from other students, creating an on-the-spot grammar review based on a recurring error, and/or giving explicit feedback about each performance. This phase may also involve immediate playback of performance recordings for further critique. To maximize learning, final assessment—a written or orally transmitted evaluation—should be completed as soon as possible after the performance itself.

Alternative Methodologies

Other techniques for creating scenarios heighten spontaneity and sustain excitement in the classroom. For example, instead of having groups made up of four characters, each group can take the role of a single character and brainstorm about the character's actions. For the scenario, the group sends a designated representative to interact with the other characters. (At the instructor's discretion, time-outs may be called during the actual performance, in which an actor is allowed to confer with his or her group.) Or, each member of a character group may enact that role in one of several four-member groups.

Group-devised narration endings, delivered orally by a representative of the group, are another choice. Individually or pair-authored written endings to these stories facilitate formal assessment of accuracy by the instructor and allow students to read polished work aloud to the class.

The **Conversaciones creadoras**, like all literature, are open to multiple interpretations and offer many possibilities for teaching language and culture.

EVALUATION AND GRADING

One proven evaluation scale that is applicable to all oral performances in this book is a five-point assessment of comprehensibility, fluency, accuracy, amount and cultural appropriateness of communicated content, and effort to communicate. This system is an outgrowth of the scale put forth by Walter H. Bartz in *Testing Oral Communication in the Foreign Language Classroom* (Arlington, VA: Center for Applied Linguistics, 1979), which is loosely based on U.S. State Department testing instruments. *Comprehensibility* is defined here as the student's ability to make him/herself understood in context; this will depend on accurate comprehension. *Fluency* measures overall continuity and naturalness of speech, including ease of retrieval of vocabulary and quality of pronunciation. *Accuracy* denotes grammatical correctness. *Amount and Cultural*

Appropriateness of Communicated Content refers to the quantity and cultural acceptability of relevant information that is transmitted in a particular situation. *Effort to Communicate* indicates compliance with performance expectations and overall commitment to the task.

Evaluation steps of this scale reflect gradations from inability to perform the task (level 1) to native or near-native capability (level 6). Since level 6 is rarely achieved at this stage of learning, the remaining five categories lend themselves to translation into the commonly used five-letter grading system. Categories may be weighted equally (at 20 percent each), or some may be weighted more heavily than others in determining an overall performance score.

Different categories—or a different numerical scale—may be substituted for the ones used here. For example, separate categories may be used for comprehension, quality of pronunciation, cultural appropriateness, control of vocabulary, or deployment of new vocabulary items.

Individual grading sheets for student performances can be modeled on the one that appears here. The Spanish version is the only one that students should see.

Course/Class
Asignatura y clase _____

Time: From _____ To _____
Duración: De   _____   **A** _____

Performance:
Ejecución:

| 1 | 2 | 3 | 4 | 5 | 6 |

Comprehensibility
Comprensibilidad/Comprensión

| 1 | 2 | 3 | 4 | 5 | 6 |

Fluency
Fluidez/Vocabulario/Pronunciación

| 1 | 2 | 3 | 4 | 5 | 6 |

Accuracy
Gramática

| 1 | 2 | 3 | 4 | 5 | 6 |

Amount and Cultural Appropriateness
of Communicated Content
**Cantidad de información
comunicada/Verosimilitud cultural**

| 1 | 2 | 3 | 4 | 5 | 6 |

Effort to Communicate
**Esfuerzo para comunicar/Cumplimiento
con el deber**

Observations:
Comentario:

SYLLABUS DESIGN
AND LESSON PLANS

Syllabus Design

Conversaciones creadoras affords many options with respect to syllabus design. The first step in planning a syllabus with this book is to establish course goals and to determine how students' progress toward them will be measured. This means focusing on the areas to be emphasized—from improving listening comprehension to refining grammatical accuracy—and deciding on testing instruments. These goals and the corresponding course requirements will determine how many chapters are covered and how exhaustively each chapter topic is explored.

Within the course framework, flexibility is key, and an outline-form syllabus for students works best. While it is fine for the instructor to formulate lesson plans for the entire course in advance, it is a mistake to give these to students at the outset, because a rigid advance schedule of all assignments is almost impossible to execute. Conversational interactions and discussions sometimes take longer than anticipated, and each learning group will have particular needs. With an outline syllabus, adjustments and specific choices can be made very close to the time when students actually work on the chapter. For instance, a typical outline syllabus may indicate that a certain chapter will be covered in one week, with recurring requirements listed such as *"Day 1:* a knowledge of the content of the **Notas culturales** and of the **Vocabulario básico** for subsequent testing." Beyond this outline, the instructor should provide each individual week's assignments.

Knowing the possibilities contained in each chapter, the instructor can fine-tune an outline syllabus to meet students' needs, within given time constraints. Sometimes the class may concentrate exclusively on the chapter focal point: the **Conversación creadora**. Frequently, activities may be selected in the interest of diversity; for example, if students spent time arguing all four **Escenas** the previous week, then a group project might be welcome this week, and so on. Students may be empowered by allowing them to select the activities on which they will work. For example, they may be instructed to divide into groups of four and complete one of the two projects in the **Más actividades creadoras** Section D.

A reserve assignment for students to do in the event that class is cancelled should be included in the course syllabus. This precaution ensures that students will make progress even if chapter assignments are not transmitted. For example, if the class does not meet due to an emergency, students should have a pre-existing assignment to interview someone in Spanish and write a two-paragraph summary of the interview.

Chapter Menu

The Preliminary Chapter offers one introductory paired exercise (Activity A), one whole class inventive role play (Activity B), and one small group creative interaction (Activity C). The following Chapter Menu summarizes recurring options in Chapters 1 through 12.

Assignments	Objectives
Notas culturales Instructor's comprehension checks	Reading for information Learning current cultural facts
Vocabulario básico (25 items) **Práctica del Vocabulario básico** (50 items)	Adding 25 topic-based words and expressions to active vocabulary
Conversación creadora **Comprensión** **Conclusión**	Comprehending a literary excerpt and making inferences Using Spanish creatively in a strategic context
Four **Escenas** for pairs	Negotiating a two-person conflict without linguistic cues
Three **Dibujos** for individuals **Más actividades creadoras A**	Interpreting ambiguous information without linguistic cues
One realia item with 3 questions for individuals **Más actividades creadoras B**	Extracting practical information from documents
Two individual questions **Más actividades creadoras C**	Presenting considered personal opinions
Two tasks for pairs **Más actividades creadoras CH**	Collaborating on a task with one colleague
Two projects for small groups **Más actividades creadoras D**	Collaborating on a project with three or four peers
Two class discussion topics **Más actividades creadoras E**	Participating in group exchanges of analyses, opinions, and ideas

Final Exams, Interviews, or Projects

Well-designed courses usually achieve closure by ending with a climax, traditionally a final exam. An oral component of a written final examination may be taken from the individual or whole class discussion topics of the **Más actividades creadoras** (Sections C or E). Students may be asked to come to a private ten-minute interview with the instructor to discuss an assigned or chosen topic. The instructor may tape-record or videotape the talk and grade it according to the scale used for oral performances in the course. Alternatively, an ACTFL assessment interview may be administered at the beginning and the end of the course by those who are familiar with this form of evaluation.

An individual final project is another option for measuring progress in communicative skills. This type of assignment affords closure to a course by reinforcing individual language gains and emphasizing communicative language use. To carry out this project, students prepare a substantial (ten or fifteen minute) oral report and generate a basic vocabulary list (fifteen to twenty words) for their audience. For students at the mid-intermediate level, the report should teach the class about something in which the student is already an expert. High-intermediate students should choose, research, and present an aspect of Hispanic culture, for example, Botero's art, women matadors, or Mexico City.

Course Design

Sample Syllabus 1: Mid-Intermediate Ancillary Use/One semester
Time available: 10 weeks, 1 hr/wk class time, 1 hr/wk homework
6 Chapters Covered: P–5
Chapter Selections: **Notas culturales, Vocabulario básico, Conversación creadora**, 4–6 activities from text per chapter

Sample Syllabus 2: High-Intermediate Primary Use/One quarter
Time available: 8 weeks, 4 hr/wk class time, 4 hr/wk homework
8 Chapters Covered: P–7 *or* P and 6–12
Chapter Selections: **Notas culturales, Vocabulario básico, Conversación creadora**, 4–6 activities from text per chapter

Lesson Plans

Lesson plans for **Conversaciones creadoras** are short-term strategies for classroom time management in the service of long-term course goals put forth in the syllabus. Once specific assignments are selected and announced, their corresponding time frames should be determined. Time parameters should be part of the performance expectation for every classroom assignment. For example, students should know that they have 20 minutes of class time to prepare a news program; any remaining preparation becomes homework. While everyone appreciates the gift of added time to work on a task, no one likes to cut off unexpectedly, so an explicit time projection is important even if it is revised later.

Certain student activities must be carried out in class: this is where groups are formed and introductory guidance is available. After these initial connections, students may complete any communicative assignment or project as homework. Once students are experienced at building scenarios, for example, they may be given as little as 30 minutes of class time to work on their ending: 20 minutes on one day for group formation and brainstorming and 10 minutes the next for integrating their parts through group practice. After the initial meeting in class, each student can formulate the part of a specific character as homework.

The following is an example of six weeks of lesson plans for Sample Syllabus 1, for the mid-intermediate level:

WEEK 1
Preliminary Chapter
Preliminary Activities A and B
Instructor assessment of students' proficiency based on performance A or B

WEEK 2
Chapter 1 **El turismo**
Notas culturales and oral review using Instructor's comprehension checks
Vocabulario básico and exercises
Conversación creadora *Proyecto de vacaciones*: Reading and **Comprensión**
    questions
Dibujos, Uso de mapas y documentos, one **Escena**

WEEK 3
Test on Chapter 1 **Vocabulario básico**
Proyecto de vacaciones scenario preparation, presentation/videotaping, and debriefing

WEEK 4
Chapter 2 **La vivienda**
Notas culturales using Instructor's comprehension checks as a prereading exercise
Vocabulario básico and exercises
Conversación creadora *Buscando un apartamento*: Reading and **Comprensión**
    questions
Conversación creadora, narrated 2- or 3-paragraph pair-authored conclusions,
    using ten words from **Vocabulario básico**

WEEK 5
Chapter 3 **Los mercados al aire libre**
Notas culturales using Instructor's comprehension checks as dictation and
    comprehension test
Vocabulario básico and exercises
Conversación creadora *Un puesto de compraventa en el Rastro*: Reading and
    Comprensión questions
Whole class memory exercise: **Más actividades creadoras** Section E, number 2
Un puesto de compraventa en el Rastro scenario preparation

WEEK 6
Un puesto scenario presentation/videotaping and debriefing
Chapter 4 **La familia y la televisión**
Notas culturales with oral review using Instructor's comprehension checks
Vocabulario básico and test
Group project of students' choosing from **Más actividades creadoras** Section D

CHAPTER TEACHING SUGGESTIONS
Preliminary Chapter: *Using This Book*

This chapter familiarizes students with the text and integrates them into the class. It also provides the instructor with three opportunities to measure students' initial proficiency level (Preliminary Activities A, B, and C).

To communicate complex ideas and expectations, the Preliminary Chapter is written in English. Background Lessons One and Two in the Chapter 1 Teaching Suggestions also may be delivered in English. However, student activities and instructor classroom management should be carried out in Spanish from the start.

Beginning with the Preliminary Activities, it is important for instructors to "receive" oral performances in a neutral manner. A simple, nonjudgmental **"Gracias"** after an oral performance is sufficient. The tendency to say **"Muy bien"**—a natural response to student completion of a task—may be interpreted by students as an indication that they earned a high grade. It is better to withhold comments (even appreciative ones) until the postperformance critique.

Teaching Suggestions

1. If this is a new course, have students fill out index cards the first day, listing their name, previous Spanish experience, and anything else they would like to communicate. This information will give some idea of the class population and its proficiency range.

2. Measure student proficiency (and monitor course-level placement) with one or more "intake" assessments. Three possibilities are the following:
   - A brief oral interview (outside class or while the class is working on a Preliminary Activity) graded according to the oral evaluation scale being used in the course.
   - A written CLOZE test, in which words are removed from a passage at regular intervals (such as every seventh word) and students are asked to supply logical fill-ins.
   - An on-the-spot evaluation of each student's speaking and listening skills, using the standard course grading sheet, while he or she is performing one of the three Preliminary Activities.

3. Have students perform Preliminary Activity A (p. 6) immediately. This activity, in which they speak to a classmate for ten minutes and then introduce him or her to the class, helps break the ice and foster group awareness.

   Prepare students for Activity B—a party attended by students using new identities they have created for themselves—by reviewing introductions, leave-taking, and role playing. For introductions, ask students if they can answer the question on p. 6: Who is introduced to whom? Explain that honorific status determines order of presentation. Gender confers honorific status to women, and age confers status to both sexes, as does an important position, such as being president. Gender takes precedence over rank, unless a man is a head of state, a member of a royal family, or a religious official. The person *to whom* another person is being introduced is the more honored and also the more comfortable. The person *being* introduced—the one who is scrutinized—is more uncomfortable; this is the second-choice role. Students may enjoy guessing who is introduced to whom: Is a woman professor presented to a male university president? (No.) Is a young man introduced to a young woman? (Yes.) Family members, no matter how eminent, are introduced *to* others. For students of the same age and gender, either person may be introduced to the other.

Remind students that good conversation depends on a good listener as much as a good speaker. Strategies for being an attentive listener include nonverbal signs of interest, and also verbal expressions such as **¡Ah!, ¿Sí?, ¿De veras?, ¡No me diga(s)!,** and **¡No sabía eso!**

On the subject of polite leave-taking, point out that interactions usually are ended with a ploy that spares the other person's feelings. For example, one person might excuse him/herself to get something cold to drink. To discuss role playing, begin by asking students their replies to the questions on p. 6: How would they introduce themselves in various roles that they play? Lead them to formulate conclusions about multiple roles in everyday life.

Before the party starts, transform the classroom into a private home in Buenos Aires, with chairs moved aside and with designated areas for refreshments and for the bathrooms.

4. Continue with Activity C (p. 7), an imaginary dinner party with historical figures, during the drop-add period when the population of the class is still changing.

5. *Grammar Review:* Review the use of the personal **a,** especially with introductions. Go over the formulaic phrases of introductions and farewells.

Students should be made aware that a knowledge of grammar—the structure of the language—will help them acquire Spanish. If a specific grammar reference text will be used in the course, this should be announced. Optimally, students will refer to the language text from which they were taught; this increases their comfort level and decreases confusion.

Grammar points that are mentioned under each chapter are suggestions only; each class will demonstrate different needs for grammar repair and review.

Capítulo 1: *El turismo*

This chapter covers travel planning and managing two-person discussions. The **Vocabulario útil** sections on **"Las aserciones"** and **"Las contradicciones"** (p. 26) should be mentioned in class, since students will depend on these items throughout the course.

Background Lessons

Background lessons on using a bilingual dictionary and on reading strategies in Spanish will help students master this and subsequent chapters.

BACKGROUND LESSON ONE:
USING A BILINGUAL DICTIONARY

A review of how to use their dictionaries—and a statement that students should bring one to class—is crucial. (It is helpful but not imperative that everyone have the same dictionary.) Students should be reminded of three things: what a bilingual dictionary contains, what it does not contain, and what techniques will help them get the most out of this resource. A broad opening inquiry asking for this information will evince students' interest.

The class should be aware that a bilingual dictionary entry for an English word offers the correct spelling, gives the word's part of speech, states whether it is transitive (remind them that this means it can take a direct object) if it is a verb, and provides the Spanish equivalent or, for words with multiple meanings in English, equivalents. For a Spanish word, a bilingual dictionary gives the correct spelling, notes the word's part of speech, gives the gender of a noun, states whether it is transitive and/or irregular if the word is a verb, and gives the English equivalent or, for words with multiple meanings in Spanish, equivalents. A bilingual dictionary does *not* contain a definition or an example of how a word is used in context.

Tell the class how to get the most from a bilingual dictionary:

1. Remember the Spanish alphabet.
2. Pay close attention to part of speech and gender of Spanish nouns.
3. Look closely at punctuation in a complex entry. Multiple similar meanings are separated by commas; different meanings are separated by semicolons.
4. Cross-reference the various Spanish possibilities to see which is closest to the desired meaning.

Exercises may be assigned to test students' dictionary skills. Use questions to elicit alphabetization (with, for example, **casa / chuleta / criollo / chabasco / comida**). Point out the effect of gender on meaning (**cura** and **frente** are good examples) and illustrate the importance of part of speech (for instance, *cry* as a noun and as a verb).

BACKGROUND LESSON TWO:
READING STRATEGIES IN SPANISH

Students may have been taught reading and study skills in English but never applied them to Spanish. The same techniques of surveying, questioning/answering, and reviewing will help them understand Spanish texts. They should be made aware that these strategies can be applied to any Spanish document:

1. Think of reading as a decoding process; the reader is deciphering the text.
2. Evaluate the context of the reading material. What is the nature of the item? What is its purpose?
3. Make content guesses on the basis of previous experience and known information.
4. Tolerate some uncertainty; postpone looking up words whose meanings can be inferred from their context.

Have students try the following six steps when they read the **Notas culturales** in Chapter 1. They will scan twice, formulate questions, read twice, then summarize:

1. Scan the material quickly. Assess the format of the material, and note easily accessible information (cognates, known vocabulary).
2. Scan the text slowly, looking for items that convey *content*—words that refer to people, characteristics, actions, ideas. Next, focus on words that transmit linguistic *function*—the words that indicate relationships among other words (e.g., definite articles, prepositions, and conjunctions).
3. Formulate questions (or read prepared questions if they are given). Focus on major ideas.
4. Read quickly for the answers to these questions, skimming for words or phrases that seem relevant. Doing so will yield an overview of main ideas.
5. Read carefully, concentrating on sentences as units of meaning. Locate the main verb and its subject; separate the main clause from subordinate clauses (often introduced by the word **que**). Match nouns with their adjectives. Look up words that impede understanding.
6. Summarize. Review the content of what was read, mentally or in writing.

Teaching Suggestions

1. **Conversación creadora**: Walk students through their first scenario. Reasonable expectations—for example, one scene lasting five minutes, with free group choice—will encourage their efforts. Refer to the section on "Scenario Pedagogy" (p. IE-4).

    Explain that the new Colombian constitution of 1991 officially changed the name of the capital to Santafé de Bogotá.
2. The first **Nota cultural** makes reference to Latin America. Do students understand that Latin America is distinct from Hispanic America? Explain that Latin America includes all of the territory in the Western Hemisphere south of the United States. It is comprised of all Spanish-speaking countries—known collectively as Hispanic America—and also Portuguese-speaking Brazil and French-speaking Haiti and French Guyana. (They may be surprised to know that one-third of Latin Americans speak Portuguese.) The languages of all of these countries evolved from Latin. Also included in Latin America by some scholars are countries whose languages are *not* descended from Latin: Dutch-speaking Surinam and English-speaking Belize and Guyana. Have students locate these regions and countries using the maps on pages xiv–xvii.
3. At the first appearance of "Uh . . ." in a student's speech, teach the class how to stall in Spanish. Locutions such as **eh, pues, bien,** and **este**—used alone, used singly with the conjunction **y,** or strung together—will enable students fluently to buy time while they formulate what to say next.
4. Go over the **Práctica del Vocabulario básico** exercises (p. 12) carefully in class, to encourage students to get in the habit of doing them. Or, ask for the answers to be brought to class, and then grade them or have students grade each other's.

5. Bring in or have students bring in travel brochures, travel magazines, and maps as inspiration for activities in the **Más actividades creadoras** sections.

6. Show slides of various Hispanic places, and ask students to describe what they see.

7. *Grammar Review:* Some points to review are dates, telling time, the names of countries in Spanish, negatives, and prepositions, including the uses of **por** and **para**. A review of the uses of the preterite and the imperfect will facilitate the narration of experiences.

Capítulo 2: *La vivienda*

This chapter on real estate includes related information on finance.

Teaching Suggestions

1. **Conversación creadora**: One suggestion for resolving this mini-drama is to ask students to create a five-minute scene that takes place a week later.

   Ask students if they know why Elena considers it a drawback that the room she proposes for her daughter happens to open onto a patio. Explain that the patio is a space used by everyone in the household.

2. Show photos or slides of Hispanic residences or of masterpieces of Hispanic architecture.

3. *Grammar Review:* Some points to review are adjectives, including apocopated adjectives (**algún, buen,** etc.), the agreement of adjectives in gender and number, and adjectives whose meaning changes depending on whether they come before or after a noun (**viejo, gran[de],** etc.).

Capítulo 3: *Los mercados al aire libre*

Related topics here are security and physical descriptions of people.

Teaching Suggestions

1. **Conversación creadora**: The subject matter adds an element of danger and suspense to the mini-drama, inspiring enthusiastic scenarios. Remind students to use Spanish as much as possible when they are brainstorming. Expect more complex performances: two scenes of four minutes each, for example.

   Point out that the district in which the Rastro is located is called **La Latina.**

2. Teach students to bargain. **Más actividades creadoras** Section CH., Question 1, p. 59, provides a perfect opportunity and can be expanded into a whole class flea market.

3. Begin a photo file for use with the group narration in **Más actividades creadoras** Section E, number 1, p. 60. Students can bring in one or two magazine images. Then, with the class seated in a large circle, start the story by introducing one main character. Each student in turn holds up his or her picture and—inventing on the spot—connects it to the preceding narration.

4. Have students figure out their own height and weight in meters and kilograms, using the chart on p. 63. They do not have to share this information with the class, but should mentally formulate answers to the questions **¿Qué mide Ud.?** and **¿Cuánto pesa Ud.?**
5. Go over the use of gestures in Spanish descriptions, beginning with those used to indicate height (in many countries the hand is vertical to show people's height and flat for animals' height) and size.
6. *Grammar Review:* Some points to review are adverbs, including adverbs of place (**aquí, ahí, allí, acá, allá**), and personal pronouns. Students may be asked to supply personal pronouns for a subject (**yo**), indirect object (**me**), direct object (**me**), reflexive verb (**me**), and the object of prepositions (**mí**).

Capítulo 4: *La familia y la televisión*

The subtext of this chapter presents culture on two planes: popular culture through television and intellectual culture through books.

Teaching Suggestions

1. **Conversación creadora**: To save class time for Spanish television and videos, this mini-drama may be concluded in written form. Individual dialogue-dramas or narratives may be assigned, or pairs of students may create a narrative together. Specify desired length when making the assignment; one page with two to four paragraphs will probably be sufficient.

   Ask students if they, like the mother in this story, also like Katharine Hepburn. Build an impromptu discussion by asking about students' favorite TV and film stars of the present and of the past. Who are their favorite stars, and why? This topic may be expanded to include favorite current and classic films.

   Point out that **costarricenses** also are called **ticos**.
2. Show a Spanish TV program or anthology of commercials, and ask students to formulate five questions about it. Then have each student ask the class his or her questions.
3. Besides watching Spanish TV and videos, students will gain cultural insight from reading Spanish magazines. One valuable assignment is to have each student locate a Spanish magazine, study it, and then give an oral report to the class covering two topics: an assessment of the magazine as a whole and a summary of one article. (Students may need suggestions about where to locate appropriate materials.)
4. The answer to **Más actividades creadoras** Section CH, number 2, p. 80, is that the TV shows appear in the text in reverse order (from least to most popular). Who are class members' favorite talk-show hosts?
5. Ask students about their favorite newscasters and best-liked commercials, either as a separate class discussion or as a follow-up to the group projects in **Más actividades creadoras** Section D.
6. *Grammar Review:* Some points to review are regular comparisons, irregular comparisons (**bueno/a-mejor, malo/a-peor, grande-mayor, pequeño/a-menor**), and superlatives.

Capítulo 5: *La burocracia universitaria*

This chapter deals with university life and educates students about dealing with bureaucracies. In addition, it sensitizes them to the role of a newcomer in a Hispanic country.

Teaching Suggestions

1. **Conversación creadora**: A two-scene resolution is recommended: one scene with the secretary and one back in the café.

    Ask students about the implications for character Tom Tyler of the fact that the altitude of Mexico City is over 2,100 meters (7,000 feet).

2. Students probably will have trouble with the crossword puzzle on page 91 for one reason: the letters **rr** in **carrera** (4 across) and **ch** in **mochila** (13 down) are each contained in a single box. This is intended to reinforce the Spanish alphabet.

3. Encourage students to discuss their majors. **Más actividades creadoras** Section C, Question 2, p. 99, is a good point of departure. Discuss the advantages of a Spanish major.

4. *Grammar Review:* Points to review are the use of the conditional tense for requesting politely and persuading, and the use of **querer**, including **quisiera**.

    A review of common conjunctions, including **antes/después (de) que, así que, con tal (de) que, en cuanto, ni siquiera, puesto que,** and **sin embargo**, also will facilitate bureaucratic negotiations.

Capítulo 6: *Los deportes*

Sports constitute the main topic of this chapter, and career advice is the subtext.

Teaching Suggestions

1. **Conversación creadora:** Two-character resolutions may be employed, with a scene between Alfonso and Emilia.

    Ask students this question: If Alfonso does become a professional soccer player and remains in his hometown, what are the two teams between which he will choose? (**el Barcelona y el Español; Notas culturales**, p. 106.)

2. Show a video of a soccer game, with Spanish commentary. Have students summarize what they see.

3. Soccer and baseball players and fans will become class experts and may be pleased to give oral reports explaining these sports.

4. Distribute an article from a recent newspaper sports page in Spanish. Have students list five facts from the article.

5. Ask students if they can name Hispanic players who are members of the Baseball Hall of Fame. (Martín Dihigo, from Cuba; Luis Aparicio, from Venezuela; Roberto Clemente, from Puerto Rico; Juan Marichal, from the Dominican Republic; and Rod Carew, from Panama.)

6. ***Grammar Review:*** Points to review are how to form the present subjunctive and use it when expressing doubt, denial, belief, and commands. Students should aim for and practice self-monitoring with subjunctive cues.

Capítulo 7: *La salud*

Health care and hospitals are the primary chapter topics.

Teaching Suggestions

1. **Conversación creadora:** This mini-drama is particularly adaptable to an unscripted scenario and to group representation of one character. See "Alternative Methodologies" (p. IE-7).

   Explain that Hispanic women are entering medicine in larger numbers than ever before. Hispanic physicians are formal in dress and demeanor; for example, a female physician in Peru would not wear pants at the hospital.

2. ***Grammar Review:*** Some points to review are tense sequences with the subjunctive.

Capítulo 8: *Los hoteles y los toros*

The subtext of this chapter is the nonjudgmental recognition of cultural differences, with bullfighting as an example.

Teaching Suggestions

1. **Conversación creadora**: For a dramatic scenario, instruct students to situate their conclusions at the **plaza de toros**. If students seem ready for a change of pace, have groups of four students compose four- or five-sentence conclusions to the mini-drama and then elect a representative to dictate their conclusion to the rest of the class.

   Point out that a **corrida** is not really a fight.

2. Encourage students to keep in mind the Spanish alphabet (and the crossword puzzle in Chapter 5) when they do the crossword puzzle on p. 151. See if they discern that item 5 across, **sencillo**, fits into seven boxes.

3. **Escena** number 4 (p. 156) introduces the issue of cultural differences in the context of new foods and promotes discussion of culinary biases.

4. ***Grammar Review:*** Points to review are **ser** and **estar**, especially the use of **estar** to indicate a change in status.

Capítulo 9: *Los aeropuertos y la defensa propia verbal*

This chapter prepares students for an oral interview by an unsympathetic authority figure.

Teaching Suggestions

1. **Conversación creadora**: Students may want to abandon probability in their resolution of this mini-drama, since it has the potential to become an

exciting adventure. If they are allowed to stretch the limits of the category "culturally appropriate," they should be required to create a longer, more complex scenario, say, three scenes lasting 10 to 12 minutes.

Point out that the name **Sánchez García** is extremely common. Ask them to list some other common surnames. (In the United States, the three most common surnames are Smith, Johnson, and Williams; among U.S. Hispanics, the three most common surnames are García, Fernández, and González, according to data compiled by the U.S. Census.)

2. A practical listening-comprehension exercise is to dictate or tape-record a series of flight announcements in Spanish and then ask students about the information they received. For example:

   Su atención, por favor. Aerolíneas Argentinas anuncia la salida de su vuelo 112 con destino a Miami, con escala en Lima. Rogamos a los señores pasajeros que pasen por la puerta número cinco con su pasaje, tarjeta de embarque y papeles de inmigración en la mano.

3. *Grammar Review:* Some points to review are **gustar**, seen in the **Conversación creadora** when Luisa asks "**¿Tú crees que les gustaré a tus padres?**" and verbs with similar constructions to **gustar**, such as **encantar, fascinar, interesar,** and also **faltar** and **quedar**.

Capítulo 10: *Los restaurantes y las amistades románticas*

This chapter's subtext is the dating customs in Hispanic societies.

Teaching Suggestions

1. **Conversación creadora**: A long, unscripted scenario, lasting eight to ten minutes, should be possible here.

   Point out that it is likely that someone in the party will order **un bife (un bistec).** Argentina has the highest per capita meat consumption in the world—85 kilos per person per year, compared with 35 kilos per person in the United States.

   Mention that people from Buenos Aires call themselves **porteños** ("the people of the port").

2. Students' storytelling skills may be honed through the narration of personal anecdotes, beginning with **Más actividades creadoras** Section C, Question 1 (p. 201), which asks students about their experiences with good and bad restaurants. Encourage them to use vivid adjectives and to include details, so that they will become proficient oral narrators.

3. *Grammar Review:* Points to review are the passive voice and the uses of the infinitive, along with regular and irregular commands.

Capítulo 11: *Los automóviles y el arte de vender*

This chapter involves buying a used car, and the ethical issues associated with this transaction such as not taking advantage of someone who lacks sophisticated knowledge about cars.

Teaching Suggestions

1. **Conversación creadora**: Point out to students that this will be their last four-person group scenario (Chapter 12 involves two speakers only), so that they will be motivated to create a rousing final scenario.

   Inform students that they will be bargaining in **bolívares,** the Venezuelan currency. They should check with a bank or consult a newspaper for the current dollar exchange, because it fluctuates.

   Since Venezuela is a major producer of oil, this country has some of the lowest prices in the world for gasoline, currently around ten cents per liter (slightly more than a quart), or less than forty cents per gallon.

2. The listing of SEAT specifications provides students with experience in deciphering information from a complex chart. Students who know a lot about cars will be at an advantage. See how quickly they discern that "ABS" is an acronym taken from English.

3. *Grammar Review*: For this chapter and the final one, grammar review is best directed toward glaring errors that are still recurring with high frequency. Depending on the class, these may be as obvious as the misuse of **por** and **para,** or as subtle as the underuse of the reflexive substitute for the passive voice.

Capítulo 12: *Los teléfonos y el empleo*

Successful telephone skills and persuasive job applications are the subjects stressed here.

Teaching Suggestions

1. **Conversación creadora**: This is a two-person telephone conversation. To present it effectively in class, each pair of speakers may seat themselves back to back and pretend to be talking on the telephone.

   This mini-drama can be used as a formal test. Have each student assume the role of Ernesto (or a female counterpart) and end the dialogue by telephone with the instructor, who plays don Daniel. For efficiency, individual student telephone appointments should be scheduled in advance. This methodology allows the evaluation of each student separately.

   Point out that currency used in Puerto Rico is the U.S.dollar. Ask students why this is true. (Puerto Rico is a self-governing commonwealth associated with the United States.)

   Each student should be able to spell his or her name quickly in Spanish on the telephone.

2. *Grammar Review*: Points to review should focus on persistent errors in each student's speech.

NOTAS CULTURALES
COMPREHENSION CHECKS

CAPITULO 1

Hispanoamérica (p. 10)

1. ¿Qué diferencia hay entre el veraneo en el hemisferio del norte y en el hemisferio austral? *[Las estaciones están al revés.]*

2. En general, ¿cuánto tiempo de vacaciones tienen los trabajadores en Hispano-américa? *[un mes]*

3. Describa algunos destinos en los países de Hispanoamérica. *[ruinas de civilizaciones antiguas, pueblos antiguos, ciudades modernas, playas, montañas y selvas tropicales]*

4. Para visitar lugares exóticos, ¿cómo se prefiere organizar el viaje típico? *[en grupo]*

5. Los compradores hispanoamericanos son muy importantes para la economía de muchas ciudades en los Estados Unidos. Basándose en la información contenida aquí, nombre dos estados donde se hallan esas ciudades. *[la Florida y Tejas]*

España (p. 11)

1. ¿Cómo se comparan las vacaciones de los trabajadores españoles con las de los trabajadores en Hispanoamérica? *[Son iguales; ambas duran un mes.]*

2. ¿Cuáles son dos fiestas religiosas que se celebran en España (al igual que en Hispanoamérica)? *[las de Navidad y Semana Santa]*

3. En España, ¿a quiénes atraen los viajes organizados en grupo? *[a los jubilados / retirados o a los extranjeros]*

4. ¿Quiénes prefieren viajar por su cuenta? *[la gente joven]*

5. Indique cuatro destinos españoles donde casi siempre hace buen tiempo. *[las islas Canarias, las islas Baleares, las playas de Levante, las playas del Sur]*

CAPITULO 2

Hispanoamérica (p. 28)

1. Además de la moneda nacional, ¿qué moneda se usa para los contratos de alquiler en varios países de Hispano-américa? *[el dólar norteamericano]*

2. ¿Por qué se usan dólares norteameri-canos? *[a causa de la devaluación de la moneda nacional y la seguridad que proporciona el dólar]*

3. Para un trabajador medio, ¿cómo es el precio típico de un apartamento pequeño en una gran ciudad? *[muy caro]*

4. ¿Qué gangas existen hoy día en los bienes raíces en Hispanoamérica? *[Hay casas y apartamentos que vende a precio de ganga la gente que decide emigrar a otros países.]*

5. ¿Quiénes pueden aprovecharse de estas gangas? *[la gente que tiene capital disponible para invertir]*

España (p. 29)

1. ¿Cómo son los precios de los alquileres hoy día en España? *[Son muy altos; están por las nubes.]*

2. Hoy día, ¿cómo son los precios de venta de bienes raíces en España? *[Son muy caros.]*

3. Con doscientos mil dólares norteameri-canos, ¿qué tipo de casa se puede comprar en una ciudad española hoy día? (Un dólar norteamericano equivale aproxi-madamente a cien pesetas españolas;

habrá que leer un periódico reciente o consultar con un banco para averiguar el cambio exacto.) *[una casa sencilla con tres dormitorios, cuarto de estar, cocina y cuarto de baño]*

4. ¿Qué efecto ha tenido en los precios de bienes raíces el ingreso de España en la Comunidad Económica Europea? *[Los precios han subido.]*

5. ¿Cómo reaccionan los trabajadores a los precios de la vivienda? *[Los precios altos provocan protestas y descontentos.]*

Capitulo 3

Hispanoamérica (p. 46)

1. ¿Desde cuándo han existido los mercados al aire libre en Hispanoamérica? *[desde los tiempos precoloniales, o sea desde antes del siglo XVI]*

2. ¿Cómo se llama el gran mercado al aire libre en la Ciudad de México? *[La Lagunilla]*

3. ¿Qué son los «mercados de pulgas»? *[En las ciudades grandes, son mercados donde se realiza la compraventa de objetos usados; a veces tienen cosas nuevas, también.]*

4. ¿Qué dudas existen acerca del origen de las cosas nuevas que llegan a parar a un «mercado de pulgas»? *[Pueden ser productos de robos o de contrabando.]*

5. ¿Dónde está y qué es la «Feria de San Telmo»? *[En Buenos Aires, es un famoso mercado al aire libre donde los vendedores llevan puesto ropa del siglo pasado.]*

España (p. 47)

1. ¿Cómo se llama el gran mercado al aire libre de Madrid? *[el Rastro]*

2. ¿Cómo son las personas que se ven en el Rastro? *[Se puede ver personas de distintas edades y clases sociales.]*

3. ¿Qué problema se asocia con algunos de los objetos que se venden en el Rastro? *[Son objetos robados.]*

4. ¿Qué efecto ha tenido la popularidad creciente del Rastro en sus precios? *[Los vendedores han subido los precios.]*

5. ¿Todavía se pueden encontrar gangas en el Rastro? *[Sí, con un poco de paciencia.]*

Capitulo 4

Hispanoamérica (p. 66)

1. Por lo general, ¿qué tipos de programas transmiten los canales estatales en Hispanoamérica? *[programas culturales y científicos, dramas, películas, noticiarios y más]*

2. Además de la televisión estatal y de las redes hispanoamericanas internacionales, ¿de dónde viene la programación de la que disfrutan muchos hispanoamericanos? *[Es de origen internacional, conseguida a través de antenas parabólicas y cable.]*

3. ¿Cuál es un tema principal de «sobremesa» o plática social que tiene que ver con la televisión? *[comentar lo que ocurrió o lo que está ocurriendo en las telenovelas latinoamericanas]*

4. ¿Es cierto que hay más mujeres que hombres que siguen todos los partidos de fútbol que se transmiten durante la temporada de este deporte? *[No es cierto; hay más hombres que mujeres que siguen todos los partidos.]*

5. ¿Qué tipo de videos se pueden alquilar en los supermercados o en tiendas especiales? *[películas hispanoamericanas y extranjeras]*

España (p. 67)

1. Tanto en las ciudades como en los pueblos, ¿qué popularidad tiene la televisión hoy día en España? *[Tiene gran popularidad; la mayoría de las casas tienen televisor.]*

2. ¿Qué pasa cuando hay un solo televisor en casa? *[Cuando hay un solo televisor en casa, surgen discusiones porque a no todos los miembros de la familia les interesa el mismo programa.]*

3. ¿Cuántos canales estatales hay en España, y cómo se llaman? *[dos: la Primera cadena (TV1) y la Segunda cadena (Canal 2)]*

4. ¿Qué es el Canal Plus? *[Es un canal privado, que transmite películas y videos musicales a las personas abonadas.]*

5. Indique cuatro televisiones autónomas en España. *[la de Cataluña, la de Galicia, la del País Vasco y la de Madrid, TeleMadrid]*

CAPITULO 5

Hispanoamérica (p. 86)

1. Para los estudiantes de una universidad latinoamericana, ¿cuándo comienza la especialización? *[al entrar en la universidad]*

2. ¿Quién administra la mayoría de las universidades latinoamericanas? *[el gobierno; son estatales]*

3. ¿Cuánto pagan los estudiantes latinoamericanos para asistir a la universidad? *[No pagan nada; la matrícula es gratuita.]*

4. ¿Qué campos se pueden estudiar en pequeños institutos superiores privados? *[campos específicos como la informática, la hostelería y el turismo]*

5. Indique dos universidades hispano-americanas que cuentan con alrededor de 250.000 estudiantes cada una. *[la Universidad Autónoma de México (UNAM) y la Universidad de Buenos Aires]*

España (p. 87)

1. ¿Qué proporción de universidades españolas están superpobladas, y qué problema tienen? *[la mayoría; hay cierta desorganización]*

2. ¿Dónde se alojan los estudiantes universitarios que vienen de lejos? *[en pensiones o en casas particulares donde alquilan una habitación]*

3. ¿Cuándo se decide la especialización en España? *[Al igual que en Hispano-américa, en España se decide antes de comenzar los estudios universitarios.]*

4. Indique tres especializaciones universitarias que requieren de cinco a siete años de estudio. *[las carreras de medicina, de ingeniería superior y de arquitectura]*

5. ¿Qué preguntas se hacen normalmente los estudiantes españoles (y también los hispanoamericanos) unos a otros? *[«¿Qué estudias?» o «¿En qué facultad estás?»]*

CAPITULO 6

Hispanoamérica (p. 104)

1. ¿Qué nivel de interés se asocia con el fútbol en Latinoamérica? *[un alto nivel de interés; son fanáticos del fútbol]*

2. ¿Cuál es la gran ambición de cada equipo de fútbol profesional? *[ganar el Campeonato Mundial de Fútbol]*

3. Nombre tres países latinoamericanos que han ganado la Copa Mundial. *[el Uruguay, el Brasil, la Argentina]*

4. ¿Qué efecto han tenido los medios de comunicación modernos en los aficionados? *[Ahora los aficionados disfrutan de la transmisión televisada directa de los partidos vía satélite.]*

5. ¿Qué deporte supera la popularidad del fútbol en la región del Caribe? *[el béisbol]*

España (p. 105)

1. ¿Qué importancia tiene el fútbol para los españoles? *[Es uno de los temas de conversación más habituales entre la mayoría de ellos.]*

2. ¿Qué hacen los aficionados que no han podido conseguir entradas para un partido? *[Suelen reunirse en un bar para seguir el partido por televisión.]*

3. ¿Cómo se clasifican los equipos españoles? *[en primera, segunda y tercera división, según su categoría]*

4. Indique dos rivalidades conocidas entre los equipos españoles. *[En Madrid hay una gran rivalidad entre el Real Madrid y el Atlético de Madrid; en Barcelona entre el Barcelona y el Español.]*

5. ¿Qué les ocurre a los jugadores extraordinarios? *[Ganan mucho dinero y gran fama nacional y a veces internacional.]*

CAPITULO 7

Hispanoamérica (p. 124)

1. ¿Qué tipo de sistemas de salubridad tienen los países hispanoamericanos? *[sistemas nacionales]*

2. ¿Qué división del Ministerio de Salud se ocupa de administrar estos programas? *[la Seguridad Social]*

3. ¿De dónde vienen los ingresos que pagan estos sistemas? *[Los ingresos son contribuídos por los empleadores y los trabajadores.]*

4. Además de la Seguridad Social, ¿qué seguro adicional existe? *[el seguro médico comercial]*

5. ¿Para qué sirve el seguro médico comercial? *[Permite a los empleados escoger entre los hospitales nacionales y las clínicas particulares.]*

España (p. 125)

1. ¿Qué función médica cumple la Seguridad Social en España? *[Al igual que en Hispanoamérica, cubre las necesidades médicas de los empleados de cualquier empresa.]*

2. ¿Qué tipo de sistema médico existe para los que no están inscritos en la Seguridad Social? *[Existen otras sociedades médicas particulares.]*

3. ¿Cómo se organizan los hospitales para las sociedades médicas particulares? *[Cada sociedad tiene asignado cierto número de hospitales para atender a sus afiliados.]*

4. ¿Por qué se resisten los hospitales a aceptar pacientes que no les corresponden? *[porque no hay bastantes camas disponibles en cada hospital]*

5. ¿Qué tipo de situación llevaría a un hospital a aceptar un paciente que no le corresponde? *[Esto se haría en un caso de emergencia.]*

CAPITULO 8

Hispanoamérica (p. 146)

1. Para muchos aficionados a las corridas de toros, ¿qué significa ir a la plaza de toros? *[Significa gozar de una ceremonia ritual en la cual el hombre valiente se enfrenta contra la bestia.]*

2. ¿Qué piensan los detractores de las corridas de toros? *[Piensan que el espectáculo no es ni un deporte ni un arte.]*

3. ¿En qué países hispanoamericanos son populares las corridas de toros? *[el Perú, Colombia, Venezuela y sobre todo México]*

4. ¿Cuándo es la temporada taurina en México? *[de enero a marzo]*

5. ¿Cómo expresan los aficionados mexicanos su aprobación hacia el torero? *[con ovaciones y gritos de «¡torero, torero!» o «¡qué faena!»]* ¿Cómo expresan su desaprobación? *[con pitadas]*

España (p. 147)

1. ¿Bajo qué nombre se conoce el espectáculo de la corrida de toros en España? *[la «fiesta nacional»]*

2. ¿Qué polémica divide a los españoles en cuanto a la fiesta nacional? *[Los aficionados piensan que es un arte, y los detractores la consideran un acto de barbarie.]*

3. ¿Qué posición toman muchos de los intelectuales y escritores españoles? *[Aunque consideren que tienen razón los detractores, llevan tan dentro su afición que siguen asistiendo a las corridas.]*

4. ¿Cuándo se celebran las corridas de toros en Madrid? *[Comienzan el 15 de mayo, festividad de San Isidro, y continúan durante dos semanas.]*

5. ¿Qué es un «novillero»? *[Es un torero en la primera etapa de su carrera cuando torea «novillos», es decir toros jóvenes y menos peligrosos.]*

CAPITULO 9

Hispanoamérica (p. 164)

1. En general, ¿cómo es el transporte aéreo en Hispanoamérica? *[excelente]*

2. ¿Cómo se sienten los viajeros hispano-americanos al viajar en avión? *[Están muy acostumbrados a ello.]*

3. Además de la línea aérea nacional, ¿qué otras líneas existen en la mayoría de los países de Latinoamérica? *[líneas domésticas para el transporte nacional de pasajeros y mercancías]*

4. ¿Cómo son los aeropuertos hispano-americanos? *[Son bastante modernos y eficientes.]*

5. ¿Por qué se observan controles estrictos de seguridad en todos los aeropuertos? *[a causa de los problemas internacionales del terrorismo y del narcotráfico]*

España (p. 165)

1. ¿Cómo ha cambiado el transporte aéreo en España? *[Se ha intensificado.]*

2. En comparación con los americanos, ¿cómo perciben los españoles el viajar en avión? *[Es menos habitual para ellos viajar en avión que para alguien de Hispanoamérica o los Estados Unidos.]*

3. ¿En qué aspectos son más severos los controles de seguridad en los aeropuertos españoles? *[Son más severos con los equipajes y el cacheo de las personas.]*

4. ¿Cómo es la fluidez de entradas y salidas para la gente que tiene los pasaportes en regla y no provoca ninguna sospecha? *[No hay ningún problema entonces.]*

5. ¿Cuántas líneas aéreas importantes tiene España? *[dos]*

CAPITULO 10

Hispanoamérica (p. 186)

1. Hoy día, ¿por qué resulta imposible para mucha gente ir y venir a casa para almorzar? *[a causa de los problemas de transporte y del hecho de que muchos negocios permanecen abiertos durante las horas del mediodía y los empleados tienen menos tiempo para almorzar]*

2. Describa la comida principal del día. *[El almuerzo se suele tomar desde las doce hasta las tres; suele incluir dos platos y postre.]*

3. ¿Qué costumbre de media tarde se conserva en el Perú y la Argentina? *[el té]*

4. Comente sobre la presencia de las mujeres en los bares en los países hispanoamericanos. *[Todavía se considera raro y de mal gusto.]*

5. ¿Qué está ocurriendo en cuanto al papel de la mujer moderna? *[El doble estándar de comportamiento está desapareciendo, y las chicas de la clase media o alta buscan sus propias carreras y relaciones.]*

España (p. 187)

1. Describa el desayuno típico español. *[El desayuno tiene un horario flexible, y es una costumbre desayunar en un bar. Se suele tomar café con leche con churros o un bollo.]*

2. ¿Hasta qué hora siguen abiertos muchos restaurantes que sirven el almuerzo, y por qué? *[Muchos siguen abiertos a las cinco, porque la gente se queda charlando después de acabar de comer.]*

3. ¿A qué hora cena mucha gente que va a la última sesión de los teatros o los cines? *[después de la una de la madrugada]*

4. ¿Qué costumbre está reemplazando a la merienda española? *[la costumbre de tomarse un café o una copa después de salir de los trabajos]*

5. ¿Cómo son los bares en España, y quiénes los frecuentan? *[Son más parecidos a «cafés»; tanto las mujeres como los hombres pueden ir a ellos sin ser criticados por nadie.]*

CAPITULO 11

Hispanoamérica (p. 208)

1. Indique tres métodos de comprar automóviles usados, señalando el que se prefiere en Hispanoamérica. *[en agencias de venta de automóviles y a través de anuncios en los periódicos; también a través de un amigo de confianza, siendo éste el método preferido]*

2. ¿Qué ocurre con los carros antiguos en Hispanoamérica? *[Se conservan en excelentes condiciones por muchos años.]*

3. ¿A qué horas se dificulta la circulación en las ciudades? *[a las horas punta, incluyendo las horas de ida y regreso para almorzar]*

4. ¿Qué país se ha convertido en un líder mundial contra la contaminación ambiental causada por los gases de escape de los autos, y cómo se hizo? *[México; con la aprobación de una ley que prohíbe a todos los conductores de autos manejar en la Ciudad de México un día a la semana]*

5. ¿Cómo se lleva a la práctica la ley mexicana contra la contaminación automovilística? *[Se aplica una fórmula basada en el día de la semana, el color de la placa y el último número de la licencia que aparece en la placa.]*

España (p. 209)

1. ¿Por qué se prefiere comprar coches de segunda mano a través de un amigo que sirve de intermediario sin cobrar? *[porque este método ofrece más garantías]*

2. ¿Cómo es la circulación automovilística en las ciudades? *[caótica]*

3. ¿Qué castigos se aplican a los coches mal aparcados, y cuál es el más temido? *[las multas y la grúa, siendo éste el castigo más temido]*

4. ¿Qué tiene que hacer el dueño a quien se le ha llevado el coche la grúa? *[Tiene que ir a unos depósitos en las afueras de la ciudad para recoger el auto, además de pagar una multa alta.]*

5. Hoy día, ¿por qué son muy severos los controles de alcoholimetría? *[porque conducir en estado de embriaguez causa la mayoría de los accidentes]*

Capítulo 12

Hispanoamérica (p. 230)

1. Para mucha gente, ¿qué valor tiene la conversación telefónica? *[Es un arte practicado por muchos con entusiasmo.]*

2. ¿Qué método para tomar recados es preferido en Hispanoamérica? *[Se prefiere dejar un recado con una persona.]*

3. ¿Cuánto y cómo se usan los teléfonos celulares? *[Se usan mucho; incluso en tiendas, restaurantes y caminando por las calles.]*

4. ¿Qué representa el número de teléfonos de un país? *[Es un indicio del nivel de desarrollo económico.]*

5. Describa la variación que existe entre gente de diversas clases en cuanto al número de aparatos telefónicos que se tiene. *[Hay gente que todavía no dispone de uno en casa; por otro lado, hay gente que tiene varios teléfonos en casa y otro en el carro.]*

España (p. 231)

1. Hoy día en las grandes ciudades, ¿qué problemas resultan de la gran cantidad de abonados telefónicos? *[la saturación de las líneas, la tardanza en oír la señal para marcar, o algún cruce de conversaciones]*

2. Describa las guías telefónicas de Madrid y Barcelona. *[Tienen unos tomos en los que se puede localizar a la persona por su apellido, y otros en los que se puede localizar al abonado por sus señas.]*

3. ¿Qué monedas aceptan los teléfonos públicos? *[monedas de un, dos, cinco, diez o veinte duros; o sea de cinco, diez, veinticinco, cincuenta o cien pesetas]*

4. ¿Qué tipo de teléfono nuevo (usado también en Hispanoamérica) se está introduciendo ahora en España, y cómo funciona? *[El teléfono «modular» acepta una tarjeta que tiene un valor de 1.000 o 2.000 pesetas; el precio de la llamada se descuenta de este total.]*

5. ¿Cuál es la popularidad de los contestadores automáticos, y cómo se usan? *[Son muy populares. Muchas veces se graban mensajes imaginativos en ellos.]*

ANSWER KEY

CAPÍTULO 1

Práctica del Vocabulario básico (p. 12)

A. destino, crucero, estadía, balneario, presupuesto, consejo, aprovecharse de, con placer, ventaja, módico

B. 1. d   2. e   3. a   4. k   5. h   6. g
7. i   8. c   9. f   10. m   11. ch   12. j
13. b   14. ll   15. l

C. 1. ≠   2. =   3. ≠   4. =   5. ≠   6. =
7. ≠   8. ≠   9. =   10. =   11. =   12. ≠
13. =   14. =   15. ≠

CH. 1. b   2. c   3. a   4. b   5. a   6. a
7. c   8. c   9. b   10. c

Comprensión (p. 18)

A. 1. Joaquín y Clara quieren información acerca de un viaje a las islas Baleares.
2. Joaquín y Clara no pueden decidir si deben unirse a una excursión u organizar su viaje por su cuenta.
3. Joaquín piensa que un viaje organizado será más barato.
4. Clara prefiere hacer sus propias decisiones en vez de formar parte de un grupo organizado.
5. La señora piensa que es mejor descubrir un sitio a solas.

B. 1. b, c   2. b, ch   3. ch   4. b, c   5. b

CAPÍTULO 2

Práctica del Vocabulario básico (p. 31)

A. 1. a   2. b   3. a   4. a   5. b   6. b
7. b   8. a   9. b   10. a

B. 1. h   2. e   3. m   4. i   5. g   6. k
7. d   8. j   9. b   10. f   11. ll   12. l
13. c   14. ch   15. a

C. 1. i   2. a   3. c   4. b   5. e   6. h   7. g
8. f   9. d   10. ch

CH. 1. agente de inmuebles   2. retrasarse
3. las señas   4. arrendatario
5. llamar a la puerta   6. la acera
7. arrendadora   8. diseña   9. La hipoteca   10. vivienda   11. la primera planta   12. en alquiler
13. apresurar   14. mensual   15. nada más llegar

Comprensión (p. 36)

A. 1. a   2. b   3. ch   4. a   5. ch

B. 1. Alberto es el más optimista, porque quiere vender el piso.
2. Alberto llega con retraso.
3. Antes los precios eran más bajos.
4. Víctor se impacienta con Aurora porque ella critica el piso inmediatamente.
5. Elena le sugiere a Aurora que la habitación más grande podría ser suya.

CAPÍTULO 3

Práctica del Vocabulario básico (p. 49)

A. puesto callejero, se agacha, suelta, la talla, se fija en, almacén, cobrar, la bolsa, ratero, no será para tanto

B. 1. g   2. f   3. a   4. c   5. i   6. j   7. e
8. ll   9. k   10. ch   11. l   12. d
13. h   14. m   15. b

C. 1. ≠   2. =   3. =   4. ≠   5. =   6. =
7. ≠   8. =   9. ≠   10. =   11. =   12. ≠
13. =   14. ≠   15. =   16. =   17. ≠
18. ≠   19. =   20. =

CH. 1. pasta   2. ganga   3. ratero
4. soltar   5. puesto

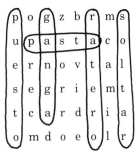

Comprensión (p. 54)

A. 1. b   2. c   3. ch   4. c   5. ch
B. 1. La señora dejó el bolso en el suelo.
2. La señora está agitada y el vendedor está irritado.
3. El vendedor piensa que la señora es demasiado confiada.
4. Los dos chicos tratan a la señora con simpatía.
5. El chico piensa que algunos ladrones tienen algo de honor.

CAPITULO 4

Práctica del Vocabulario básico (p. 69)

A. 1. a   2. b   3. b   4. a   5. b   6. a
7. b   8. a   9. b   10. b
B. 1. d   2. h   3. a   4. c   5. g   6. i
7. ll   8. k   9. b   10. j   11. l   12. e
13. m   14. ch   15. f
C. 1. e   2. c   3. ch   4. d   5. h   6. f
7. g   8. b   9. i   10. a
CH. 1. están hartos de   2. la imagen
3. los medios audiovisuales   4. el noticiario   5. película   6. El televidente   7. casera   8. el televisor
9. útil   10. (de) canal   11. delante de sus narices   12. pone el televisor   13. una (esta/la) telenovela   14. El asunto
15. La transmisión

Comprensión (p. 75)

A. 1. Esta conversación tiene lugar en el cuarto de estar de una casa en Guadalupe, barrio Pilar, Costa Rica.
2. Julia está harta de la televisión.
3. Andrés llega a las diez menos cuarto.
4. Ricardo y Andrés quieren ver distintos programas a la misma hora, y no es posible.
5. Julia va a su cuarto para leer una novela.
B. 1. b   2. a   3. ch   4. b   5. ch

CAPITULO 5

Práctica del Vocabulario básico (p. 89)

A. estudiante de tercero, la Facultad, el intercambio, enterarse de, asignaturas, aprobar, Anda, reprobar, No te apures, arreglarse
B. 1. h   2. i   3. k   4. j   5. c   6. ll   7. a
8. m   9. e   10. g   11. ch   12. f
13. b   14. d   15. l
C. 1. =   2. =   3. ≠   4. =   5. ≠   6. ≠
7. =   8. =   9. =   10. ≠

CH. Crucigrama (p. 90)

Palabras horizontales

3. BECA   4. CARRERA
7. MATRICULA   8. CURSO
9. MENOS   10. APROBAR
14. TENER ASPECTO

Palabras verticales

1. TE APURES   2. POR LIBRE
5. ANDA   6. REPROBAR
10. ASIGNATURA   11. PENSION
12. METRO 13. MOCHILA

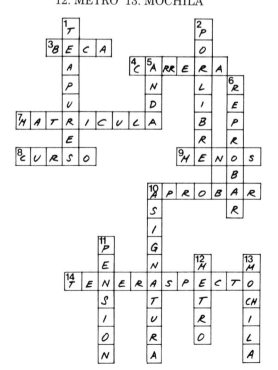

Comprensión (p. 94)

A. 1. estudiar y tomar café y pasteles
2. los cursos de verano para extranjeros   3. un café y un pastel
4. Pilar   5. la mochila
B. 1. a   2. b   3. a   4. c   5. ch

CAPITULO 6

Práctica del Vocabulario básico (p. 107)

A. 1. a   2. a   3. b   4. a   5. a   6. a
7. a   8. a   9. b   10. a
B. 1. m   2. l   3. j   4. e   5. f   6. h   7. ll
8. a   9. c   10. ch   11. k   12. b
13. d   14. i   15. g
C. 1. ≠   2. =   3. =   4. =   5. ≠   6. =
7. =   8. ≠   9. ≠   10. ≠   11. =   12. =
13. =   14. =   15. ≠
CH. 1. c   2. b   3. a   4. b   5. c   6. a   7. c
8. a   9. a   10. c

Comprensión (p. 112)

A. 1. Alfonso está tomando una ducha.
2. Alfonso ha jugado de una manera estupenda.
3. Pedro le sugiere a Alfonso que debería ser futbolista profesional.
4. A Emilia no le gusta esta sugerencia.
5. Don Julián quiere que su hijo acabe la carrera de medicina.
B. 1. ch   2. b   3. a   4. c   5. ch

CAPITULO 7

Práctica del Vocabulario básico (p. 127)

A. sangrar, está a punto de, curita, mejorarme, Sala de Emergencia, cobarde, testaruda, desmayarte, Ya lo creo, volver a
B. 1. j   2. f   3. e   4. i   5. h   6. ll   7. g
8. k   9. l   10. c   11. m   12. a   13. d
14. b   15. ch

C. 1. b   2. a   3. c   4. b   5. a   6. c
7. a   8. b   9. a   10. a
CH. 1. =   2. ≠   3. =   4. ≠   5. =   6. =
7. =   8. ≠   9. ≠   10. =   11. ≠   12. ≠
13. =   14. ≠   15. ≠

Comprensión (p. 133)

A. 1. a   2. ch   3. b   4. a   5. b
B. 1. La enfermera hace lo que le pide Rafael porque él insiste mucho.
2. Aunque no le corresponde, Rafael va al hospital donde trabaja la doctora Montero.
3. Son amigos desde hace mucho tiempo.
4. La doctora trata de calmarlo.
5. La doctora decide ayudar a su amigo Rafael.

CAPITULO 8

Práctica del Vocabulario básico (p. 149)

A. 1. e   2. a   3. g   4. l   5. ll   6. ch
7. m   8. j   9. h   10. i   11. c   12. b   13. f
14. k   15. d
B. 1. estancia   2. caja   3. sencillo
4. huésped   5. doble

```
x  h  e  j  m  s  r  a
r  u  c  l  s  a  d  o
d  é  r  e  e  b  m  c
e  s  t  a  n  c  i  a
a  p  e  b  c  i  b  j
r  e  y  t  i  v  r  a
g  d  o  m  l  s  t  u
ó  r  p  t  l  y  a  t
p  a  j  d  o  b  l  e
```

C. 1. b 2. b 3. a 4. a 5. b 6. b
7. a 8. a 9. b 10. a 11. a 12. b
13. a 14. b 15. b

CH. Crucigrama (p. 151)

Palabras horizontales

4. PROPINA 5. SENCILLO
8. LAVABO 9. BAÑERA
10. GERENTE 11. MUNDO
13. VESTIBULO 14. DISCULPE

Palabras verticales
1. MUCAMA 2. RECEPCION
3. PISO 6. CAMARERA
7. RECARGO 9. BOTONES 12. DOBLE

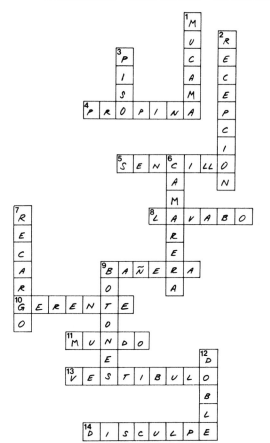

Comprensión (p. 153)

A. 1. Se conocen en el vestíbulo de un gran hotel cuando José Luis se sienta con Nancy.
2. Nancy es profesora de literatura española.
3. José Luis ha venido a ver las corridas de toros.
4. A Nancy no le gusta la idea de ver una corrida de toros.
5. José Luis exclama esto cuando descubre que Nancy es amiga de Juana.

B. 1. a 2. c 3. c 4. b 5. c

CAPITULO 9

Práctica del Vocabulario básico (p. 167)

A. 1. el horario de vuelos 2. atrasado
3. la demora 4. Por cierto
5. adelantado 6. le toca 7. a tiempo
8. hace escala 9. el comprobante
10. a la orden 11. el control de pasaportes 12. en regla 13. la tarjeta de embarque 14. revisa
15. tomar el (su/un) vuelo

B. 1. j 2. ll 3. ch 4. d 5. i 6. g
7. ñ 8. o 9. k 10. e 11. m 12. b
13. q 14. a 15. h 16. n 17. p
18. c 19. f 20. l

C. 1. l 2. e 3. i 4. k 5. b 6. m
7. g 8. c 9. ll 10. a 11. j 12. h
13. d 14. f 15. ch

Comprensión (p. 174)

A. 1. a 2. c 3. ch 4. b 5. ch
B. 1. Luisa está nerviosa porque va a conocer a los padres de su novio por primera vez.
2. Ramón está enamorado de Luisa, y está seguro de que ella les gustará también a sus padres.
3. Parece que el nombre «Ramón Sánchez García» provoca la sospecha del empleado del control.

4. Ramón tendrá que resolver el problema con el control de pasaportes.

5. Luisa está muy preocupada e insiste en acompañar a Ramón.

CAPITULO 10

Práctica del Vocabulario básico (p. 190)

A. 1. ll 2. ch 3. e 4. f 5. m 6. l
7. k 8. i 9. a 10. h 11. j 12. c
13. b 14. d 15. g

B. 1. ≠ 2. = 3. = 4. = 5. = 6. =
7. ≠ 8. = 9. ≠ 10. ≠ 11. ≠ 12. =
13. = 14. ≠ 15. =

C. 1. b 2. c 3. a 4. a 5. a 6. b
7. c 8. a 9. b 10. c

CH. 1. local 2. refresco 3. espaldas
4. falta 5. copa 6. casualidad
7. fuerte 8. postre 9. ligera
10. ración

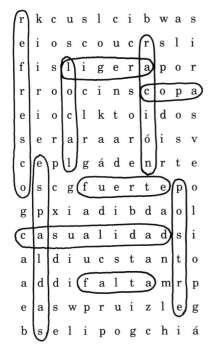

Comprensión (p. 195)

A. 1. b 2. c 3. a 4. ch 5. b

B. 1. Existe una relación típica de hermana mayor y hermano menor.

2. Es un compleaños importante porque Isabel es ahora una mujer de dieciocho años.

3. Isabel no quiere que su mamá vea a Arturo.

4. Arturo está alegre de verla.

5. Arturo reacciona con una exclamación de sorpresa al verlo.

CAPITULO 11

Práctica del Vocabulario básico (p. 211)

A. ¡Vaya por Dios!, una multa, dar un golpe, conductor, descuidado, manejar, el claxon, dueño, el volante, el choque

B. 1. h 2. k 3. j 4. l 5. m 6. a
7. g 8. e 9. c 10. ch 11. b 12. i
13. d 14. ll 15. f

C. 1. = 2. ≠ 3. = 4. = 5. ≠ 6. ≠
7. = 8. = 9. ≠ 10. = 11. = 12. =
13. ≠ 14. = 15. =

CH. 1. la dueña 2. el parachoques
3. chocar 4. remolcar 5. la llanta
6. los frenos 7. la pieza de repuesto
8. dar una vuelta 9. el parabrisas
10. estacionar

Comprensión (p. 216)

A. 1. b 2. ch 3. a 4. ch 5. a

B. 1. Pertenecen a la clase media.

2. A ella no le gusta que sus hijos dejen así la cocina.

3. El carro tiene algunos defectos.

4. Carola no piensa mentirles a los posibles compradores.

5. Dice ella que el motor está fenomenal, aunque la carrocería necesite algunas reparaciones.

Capitulo 12

Práctica del Vocabulario básico (p. 233)

A. 1. El contestador automático
2. la señal de ocupado   3. la llamada
4. la cabina telefónica   5. El recado
6. La señal de línea   7. aceptar el pago
8. Póngame con él   9. a cobro
revertido   10. marcar   11. el
auricular   12. cobrar al número
llamado   13. equivocarse de número
14. con quien conteste   15. de persona a
persona

B. 1. =   2. ≠   3. =   4. ≠   5. ≠   6. =
7. =   8. =   9. ≠   10. =   11. =   12. ≠
13. =   14. ≠   15. =

C. 1. b   2. a   3. c   4. b   5. a   6. a.
7. b   8. c   9. a   10. b

CH. 1. a   2. b   3. a   4. b   5. a   6. b
7. a   8. a   9. b   10. a

Comprensión (p. 238)

A. 1. Tiene lugar en el despacho del
director de una academia de idiomas
en Ponce, Puerto Rico.
2. Ernesto llama a don Daniel para
conseguir empleo.
3. El anuncio busca candidatos para el
puesto de maestro.
4. Ernesto fue alumno de don Daniel
en un curso universitario.
5. Ernesto quiere ser maestro de
inglés.

B. 1. a   2. ch   3. a   4. b   5. c

Notas

Notas

Notas

Notas

Conversaciones creadoras

Conversaciones creadoras

Joan L. Brown
University of Delaware

Carmen Martín Gaite

D. C. Heath and Company
Lexington, Massachusetts   Toronto

Address editorial correspondence to:

D. C. Heath and Company
125 Spring Street
Lexington, MA 02173

Acquisitions Editor: Denise St. Jean
Developmental Editor: Joanne Miller Rodríguez
Production Editor: Renée M. Mary
Photo Researcher: Judy Mason
Production Coordinator: Richard Tonachel
Permissions Editor: Margaret Roll

Photo Credits

Page 1: Stock Boston/Owen Franken; *page 9:* Chip and Maria Peterson; *page 10:* D. Donne Bryant Stock Photography; *page 11:* Leo deWys/Bob Krist; *page 27:* Stock Boston/Mike Mazzaschi; *page 28:* Stock Boston/Michael Duyen; *page 29:* David Frazier; *page 45:* Monkmeyer Press; *page 46:* Comstock/Stuart Cohen; *page 47:* The Image Works/Mark Antman; *page 65:* Stock Boston/Peter Menzel; *page 66:* Comstock/Stuart Cohen; *page 67:* Chip and Maria Peterson; *page 85:* Stock Boston/Peter Menzel; *page 86:* Chip and Maria Peterson; *page 87:* Ulrike Welsch; *page 103:* Chip and Maria Peterson; *page 104:* Photo Researchers/Guy Dassonville/Vandystadt; *page 105:* Stock Boston/Peter Menzel; *page 123:* Stock Boston/Hazel Hankin; *page 124:* Stock Boston/Charles Kennard; *page 125:* Chip and Maria Peterson; *page 145:* Stock Boston/Nicolas Sapieha; *page 146:* Stock Boston/Peter Menzel; *page 147:* Leo deWys/Bob Krist; *page 163:* Stock Boston/Mike Mazzaschi; *page 164:* Beryl Goldberg; *page 165:* Monkmeyer/Hugh Rogers; *page 185:* Stock Boston/Peter Menzel; *page 186:* Odyssey/Frerck/Chicago; *page 187:* Monkmeyer/Hugh Rogers; *page 207:* Stock Boston/Michael Dwyer; *page 208:* Stock Boston/Michael Dwyer; *page 209:* Odyssey/Frerck/Chicago; *page 229:* Stock Boston/Frank Siteman; *page 230:* Stock Boston/Peter Menzel; *page 231:* Ulrike Welsch.

Published simultaneously in Canada.

Printed in the United States of America.

International Standard Book Number: 0-669-17373-8 (Student's Edition).
0-669-17374-6 (Instructor's Edition).

Library of Congress Catalog Number: 93-80475.

10 9 8 7 6 5 4 3 2 1

A Sarah y a Alex,
de su madre y de su amiga

Preface

Conversaciones creadoras is a practical application of research findings and current professional wisdom about second-language acquisition and retention. What do these findings show? They reveal that a second language is learned the way a first language is acquired: by using it purposefully to achieve a personal goal. What's more, research shows that if you have an actual experience while learning something (sitting at a desk doesn't count), you will remember what you learned.

The goal of this text is to bring you experiences in Spanish. Of course, this is easier said than done. Experiences are not quantifiable things, and they are not easy to suggest or evoke through words. People who can do this are great writers. That is why this book depends upon the collaboration of one of the world's most honored contemporary authors: Carmen Martín Gaite.

Conversaciones creadoras affords unique opportunities to learn Spanish in meaningful and memorable ways. The structure of its chapters and the functions of its sections are explained in the Preliminary Chapter. Organized around unfinished mini-dramas or **Conversaciones creadoras** written by Martín Gaite, this book also is diverse. It contains so many different opportunities for creative communication that no single course could encompass them all. These communicative gambits are accompanied by extensive vocabulary and cultural support, so that you can maximize your language growth as efficiently as possible.

This book began as a dream of the perfect text: a professor and a novelist would collaborate to put into practice everything we know about learning to speak Spanish. A number of people besides the authors have helped bring this fantasy into reality. We first would like to thank Professor Otilia Hoidal of the University of Delaware. Her extensive cultural expertise, superior oral-proficiency teaching skills, and precise command of the Spanish language have all enhanced this text. We are grateful to Zelda B. Lipman, whose astute textual criticism and keen editorial eye have enabled us to reach for a higher standard of excellence.

We are indebted to the late Robert J. Di Pietro, a generous mentor in the field of applied linguistics, whose theories of strategic interaction were an inspiration. Professor Richard A. Zipser, Chair of the Department of Foreign Languages and Literatures, and the Office of International Programs and Special Sessions, both of the University of Delaware, provided important support. For information on sports, we thank Alexander A. Brown. We thank Mark J. Brown, M.D., and Ana María Martín Gaite for their support and encouragement.

We are grateful to the perceptive reviewers whose critiques guided the development of this text: Mark Bates, Grinnell College; Pedro Bravo-Elizondo, Wichita State University; Richard R. Ford, University of Texas at El Paso; Mary M. Foreman, Purdue University; Antonio C. Gil, University of

Florida; Mark G. Goldin, George Mason University; Reynaldo L. Jiménez, University of Florida; Mary J. Kelley, Ohio University; Felipe A. Lapuente, Memphis State University; Enrique Márquez, U.S. Naval Academy; Keith Mason, University of Virginia; Claire J. Paolini, Loyola University; Betsy Partyka, Ohio University; Cheryl H. Riess, University of South Dakota; Hildebrando Ruiz, Moore College—University of Georgia; Susan C. Schaffer, University of California—Los Angeles; Currie K. Thompson, Gettysburg College; Sally W. Thornton, Indiana University of Pennsylvania; Jody Thrush, Madison Area Technical College; Mary Jane Treacy, Simmons College; Maria-Gladys Vallieres, University of Pennsylvania; Mary-Anne Vetterling, Regis College.

We also would like to recognize the many University of Delaware students who, in pilot trials over nearly ten years, have used successive drafts of the materials that became *Conversaciones creadoras*. Their reactions, opinions, and ultimately their triumphs have been instrumental in shaping this book.

Joan L. Brown

Contents

Mapas

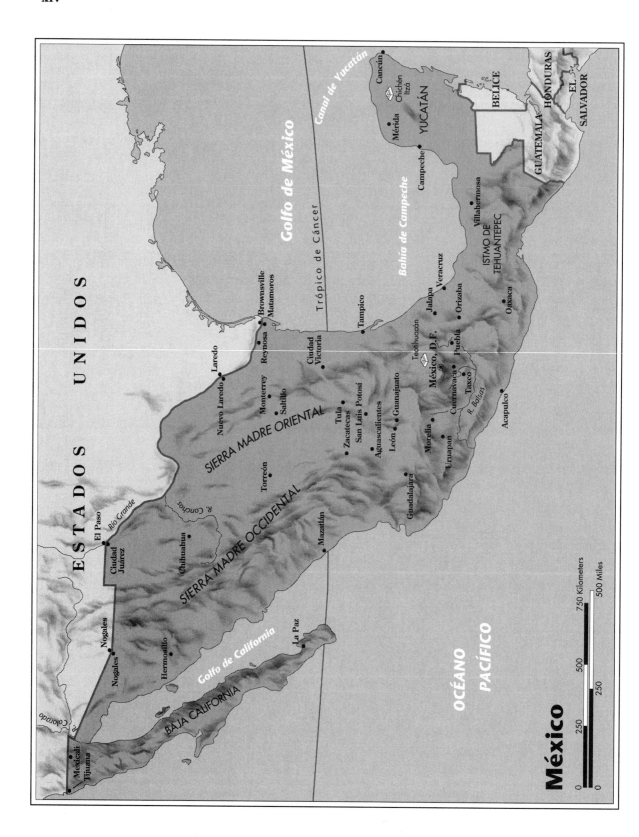

México

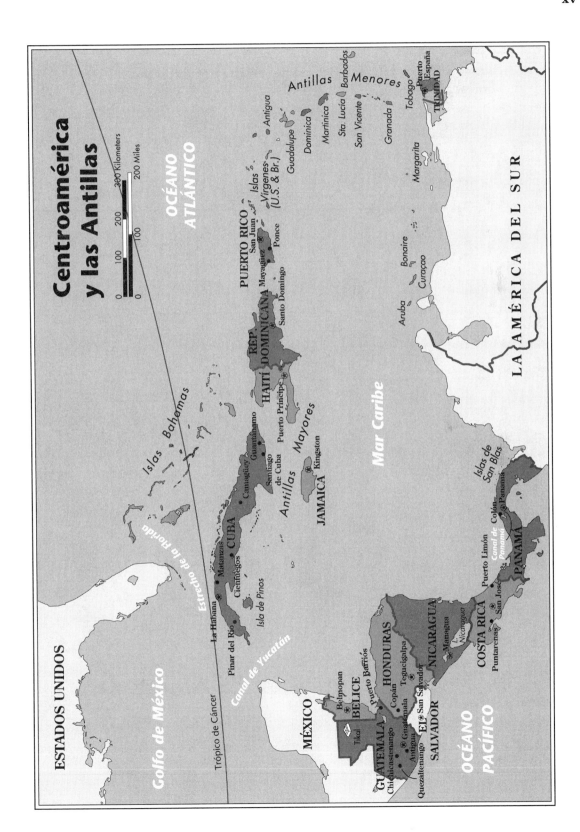

Centroamérica y las Antillas

ESTADOS UNIDOS

Golfo de México

OCÉANO ATLÁNTICO

OCÉANO PACÍFICO

Mar Caribe

LA AMÉRICA DEL SUR

Trópico de Cáncer

Estrecho de la Florida

Canal de Yucatán

Islas Bahamas

CUBA

Pinar del Río
La Habana
Matanzas
Cienfuegos
Isla de Pinos
Camagüey
Santiago de Cuba
Guantánamo

Antillas Mayores

JAMAICA
Kingston

HAITÍ
Puerto Príncipe

REP. DOMINICANA
Santo Domingo

PUERTO RICO
San Juan
Mayagüez
Ponce

Islas Vírgenes (U.S. & Br.)

Antigua

Guadalupe

Dominica

Martinica

Sta. Lucía

San Vicente

Barbados

Granada

Tobago

TRINIDAD

Puerto España

Antillas Menores

Margarita

Aruba
Curaçao
Bonaire

MÉXICO

Tikal
Belmopán
BELICE
Puerto Barrios
GUATEMALA
Guatemala
Copán
Chichicastenango
Antigua
Quezaltenango
EL San Salvador
SALVADOR

HONDURAS
Tegucigalpa

NICARAGUA
Managua
L. Nicaragua

COSTA RICA
Puntarenas
San José
Puerto Limón

PANAMÁ
Panamá
Colón
Canal de Panamá
Islas de San Blas

0   100   200   300 Kilometers
0   100   200 Miles

La América del Sur

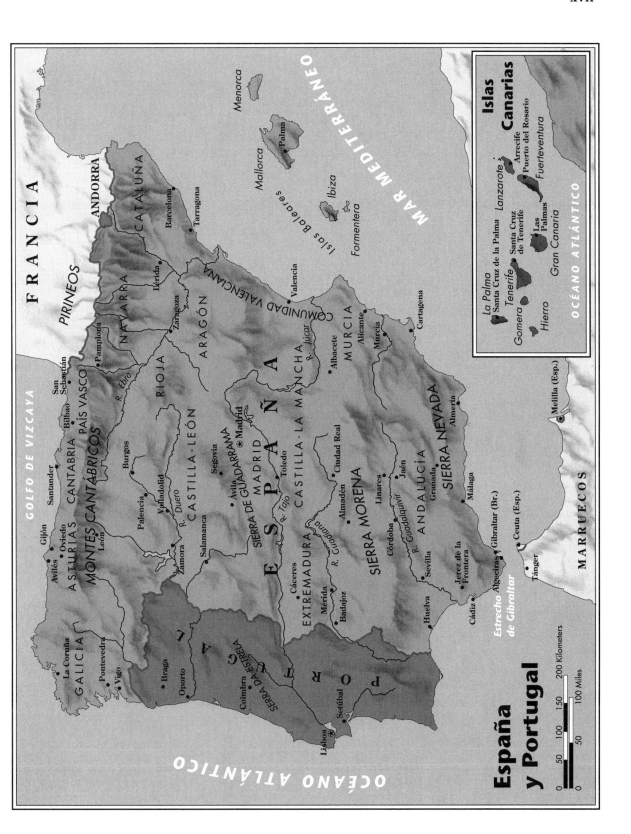

España y Portugal

Using This Book

Objectives: *To understand...*

▲ *the learning objectives of* Conversaciones creadoras.
▲ *the utilization of recurring chapter sections.*

INTRODUCTION: ACTION LEARNING

The goal of **Conversaciones creadoras** is to help you to become a capable Spanish speaker in a Hispanic environment. The Spanish-speaking world will be brought into your classroom for you to experience. Through creative use of the Spanish language in realistic settings, your competency will grow. You will expand your vocabulary. You will broaden your cultural awareness. You will enhance your fluency. Perhaps most important, you will increase your effectiveness in handling common situations in Spanish.

Action learning, the concept that people learn best by doing, is the key to this curriculum. For Spanish language and culture, action learning involves learning in an authentic way, using the language for realistic and important encounters. It means strategic, interactive role playing: having actual experiences in Spanish. These experiences compel you to use the language to solve problems, just as you would if you were living in a Spanish-speaking environment.

Authentic experiences are waiting for you in the **Conversaciones creadoras** for which the book is named. These unfinished "creative conversations" have been crafted expressly for this book by the distinguished Spanish writer Carmen Martín Gaite. **Conversaciones creadoras** are mini-dramas in dialogue (script) form. You will assume the roles of the characters in these dramas, and you will work with others to devise your own endings. By "walking a mile in their shoes," you will gain insight into these characters and their cultures. By resolving practical conflicts in useful settings, such as a travel agency or an open-air market, you will acquire vocabulary and cultural expertise. By successfully resolving challenges, you will gain the self-reliance you need to use Spanish effectively in other authentic situations.

CHAPTER FORMAT

Each chapter is centered around an unfinished **Conversación creadora** and your conclusion to it. In addition, the chapter features other useful information, extensive vocabulary (including mastery exercises), and a wealth of opportunities for further language practice.

All of the sections—including the **Conversación creadora**—are related to each chapter's topic and language goals. The cultural notes and the primary and secondary vocabulary lists are designed to support you as you conclude the **Conversación creadora**. They are also meant to help you with the chapter's other inventive activities. Used together, the informational and creative sections of every chapter will enhance your overall word power and cultural knowledge.

The following explanation summarizes the recurring sections that organize each chapter:

1. Notas culturales. The introduction to each chapter takes the form of two brief readings in Spanish. These readings provide recent cultural information on the chapter topic.

The cultural notes are divided into two parts: Hispanic America and Spain. While Spain appears as a single entity, the term "Hispanic America" represents many different countries. The best way to conceive of Hispanic America is in terms of major regions: Mexico (**México**), Venezuela and the Caribbean (**Venezuela y el Caribe**), Central America (**Centroamérica**), the Andean Highlands (**los países andinos**), and the Southern Cone (**el cono sur**). With your instructor's guidance, you should be able to locate these regions on the full-page maps preceding this chapter (pages xiv–xvii). Additionally, there is one other region to consider: the country with the fifth largest Spanish-speaking population in the world, the United States. Your own research and your instructor's expertise will add depth to these cultural notes.

2. Vocabulario básico. This section is comprised of twenty-five essential vocabulary items, organized according to parts of speech and defined in English. Notations following some entries indicate words that are used primarily in Hispanic America (*H. A.*), in Mexico *(Mex.)*, or in Spain *(Sp.)*. This vocabulary section features the key words you will need to know to deal with the chapter topic fluently, and introduces new idiomatic expressions from the chapter's **Conversación creadora**. In order to reinforce the acquisition of these core items, the **Vocabulario básico** is designed to be the subject of vocabulary tests.

3. Práctica del Vocabulario básico. These fifty practice opportunities feature each of the twenty-five items from the **Vocabulario básico** twice, so that each item will be the right answer in two instances. The exercises have varied formats; they include paragraphs and dialogues with missing items, Spanish definitions, sentence building, synonyms/antonyms, analogies, and word games.

4. Conversación creadora. An unfinished dialogue-story is the heart of each chapter. Written by Carmen Martín Gaite, these stories are engaging, exciting, insightful, witty, and thoroughly realistic. They also are deliberately incomplete. Generally, you will collaborate with three classmates to devise a conclusion to the chapter's **Conversación creadora**. Then all of you will act out your ending or "scenario" for the class. After you are experienced at creating scenarios in this way, your instructor may invite you to try other approaches to devising endings for these creative conversations.

5. Comprensión. Ten comprehension questions precede your in-class group scenario work. These questions review the story content and enable you to comprehend the characters and their motivations. They also will bring out any problems you may have with understanding the story, so that your instructor can resolve them. The questions are divided into two sets: five factual questions labeled **¿Qué pasó?** and five inferential questions entitled **¿Qué conclusiones saca Ud.?** The format of each set alternates between multiple-choice and short-answer questions.

6. Conclusión. Your scenario for ending the **Conversación creadora** begins to take shape here. This section includes work space on which to record your instructions, character choices, and ideas.

7. Escenas. Four two-person conflicts for you to enact and resolve in Spanish are presented in these scenes, which are described in English. The situations depicted are directly related to the chapter topic and vocabulary. English is used here, and only here, for one reason: to ensure skills practice through "total production," which means that all Spanish comes from you. In addition to giving you the opportunity for completely inventive practice, these situations will also build your test-taking competence. Many language tests (such as those of the American Council of Teachers of Foreign Languages and the U.S. State Department) use this English-cued "total-production" methodology to measure language proficiency.

8. Más actividades creadoras. Twelve additional opportunities are offered for you to practice the chapter's vocabulary and its cultural information. Sections A, B, and C are designed to be done independently or as homework. Sections CH, D, and E are interactive, and will be completed in a collaborative setting. Most likely, you will concentrate on different interactive activities each week: some weeks you will work in small groups, other weeks in pairs, and still others as a whole class. Your instructor will assign specific activities each week.

Más actividades creadoras sections are as follows:

A. **Dibujos.** The **dibujos** consist of three sequenced drawings: a picture-story for you to interpret and relate in Spanish. These sequences are purposely ambiguous, to encourage your own interpretations.

B. **Uso de mapas y documentos.** Current maps and documents are featured for you to analyze and use. Examples include a weather map and a telephone bill. To emphasize the universality of each chapter's topic, these items come from a country other than the one featured in the chapter's **Conversación creadora.**

C. **Respuestas individuales.** Two items call for individual reflection and response. Occasionally, you may be asked to lead the class in a discussion of these topics.

CH. **Contestaciones en parejas.** Two goal-oriented tasks for two participants provide the focus for these activities.

D. **Proyectos para grupos.** These activities present two concrete projects to be accomplished by small groups of four or five students.

E. **Discusiones generales.** Two subjects for full-class discussion and analysis explore the cultural topics of the chapter. You may be asked to facilitate a discussion or to record information from a group conversation.

9. Vocabulario útil. This segment is a "word buffet," organized and defined in the same ways as the **Vocabulario básico**, with additional space for you to record other new words that you learn. This supplementary vocabulary section is designed to help you in two ways. First, while you are creating scenarios, it serves as an initial resource, *before* you consult your dictionary or your instructor. Second, it helps you increase your vocabulary for the **Escenas** and for the activities and projects in the section **Más actividades creadoras**.

CHAPTER ASSIGNMENTS

In each chapter of **Conversaciones creadoras**, you will need to gain a general understanding of the information in the **Notas culturales**, and be able to use the **Vocabulario básico**. The **Conversación creadora** is the focal point of each chapter. Beyond these fundamentals, the specific assignments for each chapter will vary. Your instructor will personalize this book for you, for your class, and for your course, by assigning certain sections of it. You will be responsible for keeping track of the specific assignments and scenario criteria that your instructor selects for your class.

LEARNING STRATEGIES

The progress you make towards perfecting your Spanish is directly proportional to the amount of time you invest. To maximize learning, spend as much time as you can with each chapter: reading, writing, reciting, and thinking about it. Set aside a certain period of time each day for Spanish, and use it in ways that keep you interested. Keep a log of grammar questions, and find the answers. Record your language growth by keeping a list of new words. To learn vocabulary, rely on the techniques that have worked for you in the past, such as flashcards, study groups, repetitive writing, tape recorded oral practice, and interaction with other Spanish speakers. Improve your listening skills by getting as much exposure to native speech as you can. Spanish-language television is an excellent source; check your local TV listings for available programming.

Above all, take charge of your progress. Your instructor and this text are resources, but you are the source: the best person to manage your acquisition of Spanish is you.

FIRST-WEEK PRELIMINARY ACTIVITIES

During the first week of class, your instructor will be measuring your level of proficiency. This evaluation may take a number of forms, but it will always include observation of your speaking and listening skills. In the first week of class, you also will be exposed—perhaps for the first time—to the concept of role playing in everyday life. The following three preliminary assignments allow you to practice role playing, and they permit your instructor to observe your Spanish. As an added bonus, these activities enable class members to get acquainted with one another.

PRELIMINARY ACTIVITY A
Presentaciones individuales

1. Think about introductions in general. Do you know who is introduced to whom? (General rules of etiquette for introductions are the same in English-speaking and Spanish-speaking cultures.) Think about how you would introduce yourself in various situations. For example, how would you introduce yourself to someone whom you found attractive at a party? How would you introduce yourself to the Dean of Students? What do these different introductions say about your presentation of self?

How would you introduce yourself in your role as student to another member of the class? What would you reveal about yourself? What questions would you ask in order to find out more about your classmate? What questions would you refrain from asking?

2. Pair up with the person next to you, and spend ten minutes getting to know each other in Spanish. (For help with vocabulary, see the **Vocabulario básico** and the **Vocabulario útil** sections of Chapter 5, on university life.) A group can contain three instead of two members, so that everyone can participate.

After ten minutes, each pair (or group of three) should take a turn in front of the class. You will introduce your classmate to the group and tell a bit about him or her, speaking for one or two minutes. He or she will then introduce you.

PRELIMINARY ACTIVITY B
Una fiesta

1. Using Spanish, create an imaginary identity for yourself: someone whom you would like to be in ten years. Perhaps you will be an international film star, perhaps an astronaut; make your choice interesting. Practice talking about yourself in Spanish in this new identity.

2. Imagine that your classroom is a private home in Buenos Aires where a party soon will take place. Before the party begins, your instructor will go over introductions, polite conversational exits, and certain strategic locations (such as where beverages are served, and where the bathroom is located). After this briefing, you are on your own. Your assignment is to meet and speak with at least five people at the party, using your imaginary identity. Be prepared to tell the class about some of the interesting people you met at the party after it ends.

Preliminary Activity C
Una cena importante

1. Assume the identity of a historical figure who interests you, using Spanish. Anyone famous who is no longer living may be chosen. To make sure that each member of the class selects a different person, your instructor will ask everyone to state the name of his or her character, and to make a second choice if necessary. Assume the identity of this character, and practice talking about yourself in Spanish.

2. Imagine that your classroom is a special dining room in a place outside of time, where a dinner party is about to begin. The class should divide into groups of five or six. In each group, seat yourselves as if you were gathered around a table. Using your historical identities, introduce yourselves and engage in conversation with the person on your right and the person on your left, as etiquette dictates you should. Then discuss late twentieth-century world events with the other historical figures at your table. Be ready to describe your dining companions and your discussion once the dinner is over.

Creating Scenarios

Creating scenarios is a lot like attending a party under an assumed identity: both involve playing a role in a structured, yet open-ended, situation. A scenario always involves two or more people—each with his or her own objectives—in a shared context. An unfinished story always involves a conflict. Creating scenarios, then, involves interpersonal negotiation. Your goal will be to balance competing agendas and achieve closure to a drama, as if you were living it, in a Hispanic setting.

The practical aspects of creating scenarios in class have to do with autonomous group effort. Your instructor will provide certain guidelines. These will include specific performance expectations such as scenario duration (number of minutes) and number of scenes, and may include directions for forming groups. All other decisions that go into creating a scenario are up to you.

Scenarios involve three steps. At first, your scenarios will be "scripted," involving the production of a written plan of action and speech. Later, you may move on to "unscripted," less structured scenarios.

1. Rehearsal (*Planning*). Each group will brainstorm to devise an ending to the story. Your goal is to pick a role and take the point of view of your character, using Spanish as much as possible. Once you have outlined your group's ending, you will write out the scenario script in dialogue form. *It is imperative that all writing be done in Spanish, including drafts.* Next you will practice your roles, singly and together.

2. Performance (*Presenting*). Your group will take its turn acting out its scenario for the class. Scenario performance usually will begin where the chapter dialogue ends. It is not necessary for you to memorize your lines, although you should be comfortable with them. You may carry your lines with you on note cards while you are performing.

3. Debriefing (*Discussing*). The final phase of scenario work is the critique. First, you will be asked to report what happened in other groups' scenarios, and to offer comments and ask questions. Next, your instructor will provide feedback. On occasion, he or she may tape record or videotape your performances, and play them back for you. For scenario performance, as for other oral tasks, a number of key areas will be evaluated: how well you make yourself understood, how fluently you speak, how much information you communicate, how grammatically correct your speech is, how much effort you make to communicate, and how believable your words and actions are in their cultural setting.

You will get the most out of creating scenarios if you actively step into the roles of specific characters, imagining their situations and how they feel. For any given character—including those played by others—try to grasp his or her agenda, feelings, and place in the surrounding culture. This effort will yield two major benefits. The first is long-term language growth. Research has shown that long-term memory is tied to experience (simulated as well as real) and is associated with emotion. The second benefit is cultural literacy. Your informed insights will make you a more knowledgeable, and welcome, participant in Hispanic culture.

El turismo

Objetivos: *Aprender a...*

▲ *discutir hasta resolver un conflicto.*
▲ *participar en las actividades de una agencia de viajes.*

NOTAS CULTURALES

Hispanoamérica

Las pistas *(slopes)* de Bariloche, Argentina

Puesto que la mayoría de los países latinoamericanos se hallan en el hemisferio austral,° el veraneo° ocurre durante los meses de enero, febrero y marzo. De acuerdo con las leyes del trabajador en estos países, la mayoría de los trabajadores reciben un mes de vacaciones. El destino° de los veraneantes° depende, claro, del medio económico° al que se pertenecen. Los países hispanos les ofrecen a aquellos que quieran viajar fuera de su propio país una variedad inmensa de escenarios y culturas. Se pueden encontrar ruinas de civilizaciones antiguas, pueblos donde parece que se ha detenido el tiempo, ciudades modernas, playas, montañas, selvas tropicales y otros paisajes de extraordinaria belleza.

southern / summer vacation

destination / summer vacationers
medio... economic level

Por lo general, se viaja en familia a las playas, lugares favoritos de los jóvenes. Entre éstas, en cualquiera de estos países existen grandes diferencias en cuanto a alojamientos:° de los hoteles más módicos° a unos cuantos° balnearios° semejantes a los Clubs Med. Para visitar lugares más exóticos como las selvas y las ruinas se prefieren los programas y excursiones organizados por las agencias de viajes.

lodgings
economical / **unos...** a few / spas, resorts

La gran ilusión° de la gente joven sudamericana favorecida con mejores condiciones económicas, es emprender el viaje de veraneo y de compras a la ciudad de Miami. Para

dream

muchos mexicanos, la ciudad de San Antonio, Tejas, es el destino preferido.

España

Una calle típica en Palma de Mallorca

En España se suele° darles a los trabajadores un mes de vacaciones. Este plazo de tiempo° lo pueden repartir en dos períodos, uno en verano y otro en otoño, por ejemplo. Aparte de estas vacaciones oficiales, hay también las de Navidad y Semana Santa.°

    Comoquiera° que España es un país muy rico en bellezas naturales y monumentales, cada día se intensifica más el turismo. Las agencias de viajes ofrecen programas de vacaciones organizadas en grupo, que se ocupan de buscar el hotel y organizar las rutas a seguir. Las condiciones económicas ofrecen ventajas, pero existe el inconveniente de la falta de libertad para salirse de la programación de la agencia. Normalmente estos viajes de grupo atraen a los extranjeros o a los jubilados,° que encuentran en ellos ocasión para anudar amistad° con sus compañeros de viaje. A la gente joven le gusta más viajar por su cuenta,° aunque sea más caro y más incómodo, sobre todo por la dificultad de encontrar alojamiento en un hotel no demasiado caro. Las islas Canarias y Baleares, así como las playas de Levante y del Sur, son los lugares más frecuentados, porque suele estar garantizado el buen tiempo en casi todas las épocas del año.

it is customary
plazo... *period of time*

Easter Week
Given that

retired persons
anudar... *to make friends*
por... *on their own*

Vocabulario basico

El turismo

Sustantivos

el alojamiento	*lodging*
el balneario	*spa*
el consejo	*advice*
el crucero	*cruise*
el destino	*destination*
la estadía	*stay*
la excursión	*tour*
el folleto	*brochure*
el mostrador	*counter*
el presupuesto	*budget*
la tarifa	*rate, fare*
la ventaja	*advantage*

Verbos

apetecerle a uno	*to feel like, to appeal to*
aprovecharse de (algo o alguien)	*to take advantage of (something or someone)*
asegurar	*to assure*
emprender	*to undertake*
guardar silencio	*to remain silent*
veranear	*to vacation in the summer*

Adjetivos

unos/as cuantos/as	*a few*
módico/a	*economical, inexpensive*

Expresiones

a solas	*alone, independently*
al fin y al cabo	*ultimately, in the end*
con placer	*gladly, with pleasure*
meterse donde no le llaman	*to butt in*
por nuestra (mi, su) cuenta	*on our (my, your, his / her, their) own*

Practica del Vocabulario basico

A. Párrafo con espacios. *Llene cada espacio en blanco con la forma correcta de la palabra más apropiada de la siguiente lista.*

aprovecharse de	la estadía
el balneario	con placer
el consejo	módico/a
el crucero	el presupuesto
el destino	la ventaja

Elena y Marcos están escogiendo un _____ para sus vacaciones. Elena piensa que un _____ por el Caribe con una _____ de diez días a bordo sería un sueño, pero Marcos piensa que sería aburrido. Elena entonces le sugiere una visita a un _____ elegante como el Fontainebleau Hilton Resort and Spa en Miami Beach, pero cree Marcos que sería demasiado caro para su modesto _____ . Elena sugiere que pidan el _____ de un agente de viajes. Le dice Elena a Marcos que una agente como su tía Isabel les podría ayudar mucho y que ellos deberían _____ la experiencia de la tía. Después de convencer a Marcos, Elena llama a la agencia de viajes donde trabaja la tía Isabel. Ella _____ les ayuda a Elena y Marcos a encontrar un crucero muy romántico de cinco días, que tiene la _____ de ser también muy _____ de precio. Muy contentos, Elena y Marcos escogen el crucero para unas vacaciones inolvidables.

B. Definiciones. *Empareje las columnas.*

_____ 1. una especie de mesa usada para presentar o servir

_____ 2. sin la ayuda de nadie

_____ 3. empezar

_____ 4. interesarle a uno

_____ 5. sin acompañante

_____ 6. el lugar en que uno se queda durante un viaje

_____ 7. el librito que explica algo

_____ 8. un precio anunciado por un hotel o una aerolínea

_____ 9. un viaje organizado

_____ 10. pasar el verano en otro sitio

_____ 11. un plan financiero

_____ 12. ocuparse de los asuntos de otros sin invitación

_____ 13. finalmente

_____ 14. a costo moderado

_____ 15. beneficiarse de

a. emprender
b. al fin y al cabo
c. la tarifa
ch. el presupuesto
d. el mostrador
e. por su cuenta
f. la excursión
g. el alojamiento
h. a solas
i. el folleto
j. meterse donde no le llaman
k. apetecerle a uno
l. aprovecharse de
ll. módico
m. veranear

C. Sinónimos o antónimos. *Para cada par de palabras, indique si el significado es igual (=) o lo opuesto (≠).*

1. la ventaja _____ la desventaja
2. la tarifa _____ el precio
3. el destino _____ la salida
4. por su cuenta _____ sin la ayuda de nadie
5. la excursión _____ el viaje independiente
6. el consejo _____ la recomendación
7. asegurar _____ negar
8. veranear _____ pasar el invierno
9. el alojamiento _____ el lugar donde se queda uno
10. unos cuantos _____ algunos
11. el crucero _____ el viaje marítimo
12. con placer _____ sin placer
13. al fin y al cabo _____ después de todo
14. apetecerle a uno _____ desear
15. guardar silencio _____ hablar

CH. Analogías. *Subraye la respuesta más apropiada para duplicar la relación que existe entre las palabras modelo.*

Ejemplo: la clase: la universidad
 la película: a. el libro
  b. divertirse
  c. el cine

1. cien: quince

 muchos: a. las tarifas
  b. unos cuantos
  c. el presupuesto

2. la taza: el vaso

 la mesa: a. el folleto
  b. al fin y al cabo
  c. el mostrador

3. salir: entrar

 terminar: a. emprender
  b. ceder
  c. aprovecharse de

4. cantar: callarse

 hablar: a. meterse donde no le llaman
  b. guardar silencio
  c. aprovecharse de alguien

5. el restaurante: el menú

   la agencia de viajes: a. el folleto

   　　　　　　　　　　　 b. la ventaja

   　　　　　　　　　　　 c. veranear

6. vivir: visitar

   la residencia permanente: a. la estadía

   　　　　　　　　　　　　　 b. el consejo

   　　　　　　　　　　　　　 c. la ventaja

7. escuchar: oír

   interferir: a. asegurar

   　　　　　　 b. aprovecharse de

   　　　　　　 c. meterse donde no le llaman

8. la música: el concierto

   el descanso: a. el presupuesto

   　　　　　　　 b. el mostrador

   　　　　　　　 c. el balneario

9. comer: cenar

   afirmar: a. apetecer

   　　　　　 b. asegurar

   　　　　　 c. veranear

10. noche: día

    con un grupo: a. unos cuantos

    　　　　　　　 b. emprender

    　　　　　　　 c. a solas

CONVERSACION CREADORA

Proyecto de vacaciones

Personajes

CLARA, 26 años
JOAQUÍN, 28 años
EMPLEADO DE LA AGENCIA DE VIAJES
UNA SEÑORA, 50 años

Escenario

Una agencia de viajes en el barrio El Chicó en Santafé de Bogotá, Colombia. Es por la mañana. Entran Joaquín y Clara en la agencia, y al ver que los mostradores están ocupados por otros clientes, se sientan a esperar en un sofá junto a una señora, que también está esperando. Guardan silencio.

JOAQUÍN: Bueno, mujer, no pongas esa cara, que parece que te traigo a la cárcel.° Al fin y al cabo, ¿qué nos cuesta pedir información?

jail

CLARA: Ya te he dicho que me parece absurdo hacer un viaje organizado a las islas Baleares, cuando mejor sería pedir unos cuantos folletos turísticos y organizarlo por nuestra cuenta.

JOAQUÍN: De la otra manera sale más barato, Clara, y tiene la ventaja de que se aprovecha mejor el tiempo y lo ves todo mejor.

CLARA: ¿Mejor? ¿Lo llamas mejor a tener que ir pegado° todo el día a un rebaño° de turistas y levantarte a toque de diana° como en un cuartel?° A mí me apetece mucho más no depender de nadie y que vayamos descubriendo los sitios con calma y a nuestro ritmo.

stuck to
flock
reveille (wake-up bugle) / barracks

SEÑORA: Perdonen que me meta donde no me llaman pero, ¿conocen ya las Baleares o es la primera vez que van?

JOAQUÍN: Es la primera vez que vamos. ¿Usted conoce aquella región?

SEÑORA: Yo muy bien, tengo familia allí. Y me dan ustedes envidia, descubrir a su edad un paraíso como son las Baleares tiene que ser una gozada.° No les hace falta° más guía que la de su ilusión,° porque todo lo que encuentren les aseguro que les va a parecer una maravilla.

joy
No... You don't need / dream(s)

CLARA: ¿Lo ves? Es lo que yo le digo a mi novio, que los viajes organizados se quedan para gente mayor de edad.

SEÑORA: Depende de cómo sea la gente. A mí me sigue gustando viajar a solas. Y tampoco crean que van a gastar ustedes más.

EMPLEADO: ¡Que pase el siguiente!

JOAQUÍN: Estaba usted delante de nosotros, ¿no?

SEÑORA: No importa, con placer les cedo mi turno. Yo no tengo prisa.

CLARA: Muchas gracias señora, y también por el consejo. Ha sido usted muy amable.

Se levantan Joaquín y Clara y se acercan al mostrador.

EMPLEADO: Ustedes dirán.

JOAQUÍN: Habla tú, Clara.

COMPRENSION

A. ¿Qué pasó? *Conteste cada pregunta con una oración.*

1. ¿Por qué están Joaquín y Clara en la agencia de viajes? _____
_____

2. ¿Qué conflicto tienen Joaquín y Clara? _____
_____

3. ¿Por qué prefiere Joaquín ir en un viaje organizado? _____
_____

4. ¿Por qué prefiere Clara viajar independientemente? _____
_____

5. ¿Qué piensa la señora de la cuestión de ir en grupo o no? _____
_____

B. ¿Qué conclusiones saca Ud.? *Indique la(s) letra(s) que corresponde(n) a la mejor respuesta.*

1. ¿Qué adjetivos describen mejor a Joaquín?
    a. romántico
    b. práctico
    c. cuidadoso
    ch. impulsivo

2. ¿Qué adjetivos describen mejor a Clara?
    a. cuidadosa
    b. romántica
    c. conformista
    ch. aventurera

3. ¿Por qué quiere ayudar la señora a Joaquín y a Clara?
    a. porque es una agente de viajes
    b. porque no tiene familia en las islas Baleares
    c. porque Clara es su nieta
    ch. porque oyó la conversación entre Joaquín y Clara y cree que puede ayudarlos

4. ¿Cuáles son dos cosas que seguramente van a pedirle Joaquín y Clara al empleado de la agencia de viajes?
    a. información sobre una excursión a la isla de Formentera
    b. información sobre las ventajas de ir a las islas Baleares por su propia cuenta

    c. información sobre las ventajas de viajar en grupo a las islas
       Baleares

   ch. información sobre las islas Canarias

5. ¿Cuál de las siguientes posibilidades sería mejor para el empleado de
  la agencia de viajes?
    a. venderles una excursión barata a Joaquín y a Clara
    b. venderles una excursión costosa a Joaquín y a Clara
    c. darles información a Joaquín y a Clara sobre las islas Baleares
      sin venderles nada
   ch. convencerles a Joaquín y a Clara de que es mejor organizar el
      viaje por su cuenta

CONCLUSION

*Después de dividirse en grupos, inventen una conclusión en forma de diálogo a
la **Conversación creadora** Proyecto de vacaciones. Empiecen con la
distribución de papeles (roles). Entonces, discutan sus ideas para la conclusión.
Consulten el **Vocabulario útil** al final del capítulo para ayuda con el
vocabulario del turismo, el tiempo y las discusiones. La conclusión de su grupo
será presentada luego al resto de la clase.*

Instrucciones

_____

_____

Personajes

Clara _____

Joaquín _____

Empleado/a de la agencia de viajes _____

Señora _____

_____

_____

Ideas para su conclusión

_____

_____

_____

_____

_____

Escenas

*Formen parejas. Un/a estudiante tomará el papel de **A** y el/la otro/a el de **B**. Hablen* en español *hasta que solucionen el conflicto en cada situación. Luego, cuenten a los demás estudiantes cómo han resuelto Uds. cada escena. El **Vocabulario útil** al final del capítulo les ayudará con el vocabulario.*

1. **A** For the first time in years, you are taking a much-needed vacation, and you want a travel agent to arrange a trip to Spain for you and your partner. You really want to get away from it all; your dream is to experience life in a small town, such as Miraflores de la Sierra in the mountains near Madrid, where a Spanish friend of yours spends the summer. However, you are a little bit worried that your traveling companion will be bored in the country.

   B You are new at the job in a large metropolitan travel agency. Your boss has told you to try to sell a one-week package to Spain's Costa del Sol, a built-up area of high-rise hotels with beautiful beaches and an active nightlife. You think that this customer might buy the package, which is very economical, if you can persuade him or her.

2. **A** You are packing for a two-week trip by plane. You think that it is important to keep all your belongings in one (bulging) carry-on bag. This way you will avoid baggage claim inconveniences and be sure that your luggage arrives when you do. You are determined to convince your traveling companion to pack the same way.

   B You are packing for the same two-week trip, using a large suitcase that must be checked through on your flight. However, the suitcase is half empty, since you plan to use it to bring back souvenirs (**recuerdos**). You want to convince your companion that you should both bring spacious suitcases.

3. **A** You work at a high-pressure, constantly-changing job, and would like to go to the beach to relax on vacation. As a surprise anniversary present, you have arranged for a week for two at the Hotel Las Brisas, a private and exclusive beach resort in Guitarrón, overlooking Acapulco Bay, in Mexico. You have to convince your partner that he or she would enjoy a relaxing getaway in a familiar country.

   B Your job is somewhat monotonous, and on a vacation you crave excitement. As a surprise anniversary present, you have arranged for a week at the deluxe Rio Palace Hotel at the end of Copacabana Beach, near Rio de Janeiro, in Brazil. You have booked excursions during the days and plan to do something different each night. You must convince your partner that he or she would have fun enjoying a whirlwind vacation in a place where even the language (Portuguese) is new.

4. **A** You have always dreamed of going to Costa Rica for a vacation. You dislike tours, but fear that your Spanish is not good enough to travel on your own. You decide to consult a travel agent who is a native speaker of Spanish. Although you've never met the agent, you trust him or her because he or she is dating your cousin.

   B You are an aggressive travel agent. You have just sold nine package tours to Mexico, and you will receive a cash prize as soon as you sell one more. You think this customer's Spanish is adequate for traveling alone in Central America, but would like to convince him or her to buy a package tour.

Más actividades creadoras

*El **Vocabulario útil** al final del capítulo le ayudará con estas actividades.*

A. Dibujos. *Describa lo que está ocurriendo en los siguientes dibujos.*

B. Uso de mapas y documentos. *Refiérase al mapa y a la tabla para contestar las siguientes preguntas.*

El tiempo

Pronóstico: Válido de las 6:00 a.m. a las 6:00 p.r
(Suministrado por el Instituto Meteorológico Nacional)

Valle Central: Durante el período, viento moderado y ráfagas del este. Lloviznas sobre la Cordillera Central. En la mañana, parcialmente nublado en el sector este. Poca nubosidad en el oeste. En la tarde, nublado.
Guanacaste: Durante el período, poca nubosidad y viento moderado del este. Lloviznas sobre la Cordillera de Guanacaste.
Pacífico Central: En la mañana, despejado con viento débil del este. En la tarde, poca nubosidad.
Pacífico Sur: En la mañana, despejado. En la tarde, poca nubosidad.

Zona Norte: Durante el período, nubosidad variable entre parcialmente nublado y nublado con lluvias intermitentes, especialmente en la mañana.
Vertiente del Atlántico: En la mañana, nublado con aisladas lluvias. En la tarde, nublado con lluvias sobre la región marítima.

Comentario

Ayer, imperó la actividad lluviosa sobre la Vertiente del Atlántico y la Zona Norte, así como sobre las Cordilleras principales del país. El campo de presión sobre la Cuenca del Caribe continúa provocando un viento alisio con velocidades moderadas. Por eso, la persistencia en las condiciones meteorológicas. Para las próximas horas se estima un cambio gradual en la velocidad del viento alisio y, con ello, una mejoría del tiempo sobre la región del Caribe.

Mareas mañana en todo el país

	Alta	Mts.	Baja	Mts.	Alta	Mts.	Baja	Mts.
Puntarenas	08:49	2.19	02:39	0.33	21:11	2.36	14:49	0.45
Quepos	08:42	2.11	02:38	0.41	21:04	2.26	14:46	0.52
Limón	06:56	0.33	13:56	−0.02	19:39	0.12	23:58	0.01

Fases de la luna

C. Menguante	L. Nueva	C. Creciente	L. Llena
6 Feb.	14 Feb.	23 Feb.	28 Feb.

Sol sale: 06:58   **Sol se pone: 18:42**

Clima de ayer

Estación	Máx.	Hr.	Mín.	Hr.	Hrs. Sol	MM. lluvia
San José	19.8	12:00	14.0	02:00	1.3	0.0
Alajuela	26.7	14:10	18.6	06:10	9.4	0.0
Puntarenas	34.0	15:40	23.0	04:10	9.6	0.0
Limón	27.3	13:50	21.0	07:30	1.1	4.5
Irazú	N.D.	N.D.	N.D.	N.D.	N.D.	N.D.
Pavas	23.2	12:30	17.5	06:50	1.8	0.0
Liberia	33.5	13:00	20.0	07:00	10.9	0.0
Palmar Sur	33.2	14:40	22.0	07:40	N.D.	0.0

Humedad relativa en San José: 84%

Fórmula de conversión: La temperatura en

Grados Celsio $\times \frac{9}{5} + 32$ = Grados Farenheit

Grados Farenheit $- 32 \times \frac{5}{9}$ = Grados Celsio

1. ¿Dónde hizo más frío y dónde más calor el día anterior en Costa Rica?

2. Basando su opinión en el pronóstico, ¿a qué zona iría Ud. para un paseo? ¿Hay alguna zona adonde no iría?

3. Según esta información, ¿cómo es el clima de Costa Rica en febrero?

C. Respuestas individuales. *Piense en las siguientes preguntas para contestarlas en la forma indicada por su profesor/a.*

1. ¿Cómo es el tiempo hoy? ¿Cómo suele ser el tiempo en esta región, durante esta estación y durante todo el año? En su opinión, ¿qué región del mundo tiene el clima ideal?

2. Para Ud., ¿cómo sería el viaje ideal? Descríbalo en detalle.

CH. Contestaciones en parejas. *Formen parejas para completar las siguientes actividades.*

1. Aquí hay una compilación de ciertas tendencias que exhiben algunos viajeros norteamericanos cuando van a otros países. Formando dos listas, indiquen cuáles son características de un/a buen/a viajero/a y cuáles son descripciones de un/a mal/a viajero/a.

   Buen/a viajero/a   Mal/a viajero/a

   a. Le gusta probar comida típica del país.
   b. Le gusta caminar.
   c. Le molesta cuando alguien no le habla en inglés.
   ch. Le preocupa mucho lo que estará pasando en su casa mientras no está allí.
   d. Las incomodidades le molestan mucho.
   e. Le gusta explorar lugares menos frecuentados por turistas.
   f. No le interesa la historia de otros países.
   g. Le gusta que todo sea igual que en su casa.
   h. Trata de adaptarse a las costumbres de la gente del país.
   i. Le gusta hablar con la gente.

2. Uds. tienen un presupuesto muy limitado. ¿A qué lugares irían, y qué harían? Compongan una lista de cinco destinos.

D. Proyectos para grupos. *Formen grupos de cuatro o cinco personas para completar estos proyectos.*

1. Consigan mapas y/o folletos turísticos y planeen un viaje internacional de diez días. Su itinerario debe reflejar algún tema. Algunos ejemplos de temas para un viaje son: los grandes museos del mundo, los lugares románticos de Europa, o el buen tiempo durante el invierno norteamericano.

2. Compongan un folleto turístico describiendo su ciudad o pueblo como destino turístico.

E. Discusiones generales. *La clase entera participará en discusiones usando como base las siguientes preguntas.*

1. ¿Sacan Uds. muchas fotos cuando viajan, o creen que una cámara es una molestia o una intrusión? Defiendan sus posiciones.

2. ¿Se acuerdan de algún episodio interesante o humorístico que ocurrió durante unas vacaciones suyas? Cuenten algunos.

VOCABULARIO UTIL

*La siguiente es una lista de palabras y expresiones selectas que le ayudarán en este capítulo. Al final de cada sección, Ud. puede usar el **Vocabulario individual** para acordarse de otras palabras nuevas que encuentre.*

El turismo

SUSTANTIVOS

la arena	*sand*
el boleto *(H. A.)* **el billete** *(Sp.)* **de ida**	*one-way ticket*
el boleto *(H. A.)* **el billete** *(Sp.)* **de ida y vuelta**	*round-trip ticket*
la bolsa *(H. A.)* **el bolso** *(Sp.)* **de mano**	*carry-on bag*
el cheque de viajero	*traveler's check*
el equipaje	*baggage, luggage*
el itinerario	*itinerary, trip plan*
el plazo (de tiempo)	*period of time*
el rollo de película	*roll of film*
la rutina cotidiana	*daily routine*
la temporada turística	*tourist season*
el turismo nacional	*domestic travel*
el/la veraneante	*summer vacationer*
el veraneo	*summer vacation*
la zona turística	*tourist area*

VERBOS

dar la vuelta al mundo	*to take a trip around the world*
elegir (i)	*to choose*
facturar	*to check (baggage, goods)*
hacer escala	*to make a stopover*
hacer las maletas	*to pack*
instalarse	*to settle in*
reclamar	*to claim something (such as your luggage)*
relajarse	*to relax*

ADJETIVOS

de lujo, lujoso/a	*deluxe, luxurious*
fuera de temporada	*off season*
primera (segunda, tercera) categoría	*first (second, third) class*

EXPRESIONES

Adonde fueres, haz lo que vieres.
  (Ancient proverb)

¿Con cuánta anticipación?

When in Rome, do as the Romans do.
  (Take your cues from local customs.)

How far in advance?

VOCABULARIO INDIVIDUAL

_____   _____

_____   _____

_____   _____

_____   _____

El tiempo

SUSTANTIVOS

el clima	*climate*
el granizo	*hail*
la lluvia	*rain*
la marea	*tide*
el/la meteorólogo/a	*weatherperson*
la niebla	*fog*
la nieve	*snow*
la nube	*cloud*
la nubosidad	*cloudiness*
la ráfaga	*gust of wind*
la tormenta	*storm*
el viento	*wind*

VERBOS

llover (ue)	*to rain*
lloviznar	*to drizzle*
nevar (ie)	*to snow*

Descripciones del tiempo

Está caluroso. Hace calor.	*It's hot.*
Está despejado.	*It's clear out.*
Está neblinoso.	*It's foggy.*
Está nublado.	*It's cloudy.*
Está soleado. Hace sol.	*It's sunny.*
Hace buen tiempo.	*It's nice out. (The weather's good.)*
Hace fresco.	*It's brisk out.*
Hace frío.	*It's cold.*
Hace mal tiempo.	*It's not nice out. (The weather's bad.)*

Hay mucho viento. Está ventoso.   *It's windy.*
Llueve a cántaros.   *It's raining cats and dogs. It's pouring.*

VOCABULARIO INDIVIDUAL

_____   _____

_____   _____

_____   _____

_____   _____

Las aserciones

A mi parecer...   *To my way of thinking . . .*
¡Buena idea!   *Good idea!*
Bueno.   *OK.*
Creo que...   *I believe that . . .*
En mi opinión...   *In my opinion . . .*
Eso me gusta.   *I like that.*
Estoy de acuerdo.   *I agree.*
Mire (Ud.)./Mira (tú).   *Look.*
Pienso que...   *I think that . . .*
Por un lado... por otro lado...   *On one hand . . . on the other hand . . .*

Las contradicciones

Eso no me gusta mucho.   *I don't like that.*
No, es demasiado aburrido (caro)...   *No, that's too boring (expensive) . . .*
No estoy de acuerdo.   *I disagree.*
Pero si...   *But . . . (followed by an important fact to consider)*

VOCABULARIO INDIVIDUAL

_____   _____

_____   _____

_____   _____

_____   _____

CAPITULO

2

La vivienda

Objetivos: *Aprender a...*

▲ *describir y comparar viviendas y otros edificios.*
▲ *participar en la valoración de un posible domicilio.*

NOTAS CULTURALES

Hispanoamérica

El distrito de La Recoleta, Buenos Aires, Argentina

Un fenómeno en los últimos años en varios países en Hispano-américa es el uso de dólares norteamericanos en los contratos de alquiler° de vivienda.° Esto se debe a la enorme devaluación de la moneda nacional en estos países y al temor de los propietarios° de sufrir pérdidas en sus inversiones° de inmuebles.° La estabilidad del dólar les proporciona° un seguro° contra la constante caída° de su moneda. Así que no es nada raro tener que pagar doscientos dólares al mes por un apartamento pequeño de un dormitorio, sala, cocina y baño. Es esta una cantidad sumamente° alta para un trabajador medio.°

Por otro lado, debido a la situación política en algunos países, bastante gente ha emigrado recientemente a los Estados Unidos u otros países que les proveen más oportunidades económicas y profesionales. Ellos están vendiendo sus casas y lindos apartamentos a precios de ganga.° Por esta razón, hoy en día, para aquellos que tengan capital disponible° hay grandes oportunidades en la inversión de bienes raíces° en ciudades como Buenos Aires, Lima y Bogotá.

contratos... leases / housing *or* a house

landlords / investments

real estate / **les...** provides them / insurance

fall, lowering in value

extremely / average

bargain
available
bienes... real estate

España

Una calle antigua en Toledo

En España, los precios de los alquileres° están por las nubes.° Es dificilísimo encontrar una vivienda un poco decente en alquiler° por debajo de las 80.000 pesetas mensuales,°[1] sobre todo en barrios más o menos céntricos de las grandes ciudades. Los precios de venta también se han disparado.° Por menos de veinte o veinticinco millones tampoco se encuentra una casa con tres dormitorios, cuarto de estar, cocina y lo demás, a no ser° en barrios periféricos.°

El fenómeno se ha agudizado° a partir del ingreso de España en la C.E.E. [Comunidad Económica Europea].° La

rents / **están...** are in the stratosphere

en... for rent / monthly

se han... have shot up

a... unless it is
barrios... outskirts of town
se... has become more acute
European Common Market

---

[1] Cien pesetas valen aproximadamente un dólar norteamericano. Para hacer el cambio con precisión, es necesario consultar un periódico reciente o con un banco.

razón puede encontrarse en que algunos negociantes de países
más ricos que España llevan ya algún tiempo invirtiendo°   investing
dinero en varios negocios y la compra de terrenos° españoles.   undeveloped lands
Naturalmente, al poder pagar precios más altos, provocan la
subida° de las viviendas. De esta manera, las dificultades que   rise (in price)
encuentra un trabajador medio para conseguir un apartamento
son cada día mayores y provocan protestas y descontentos.

Vocabulario basico

La vivienda

Sustantivos

la acera	*sidewalk*
el/la agente de inmuebles/ bienes raíces/bienes inmobilarios	*real estate agent*
el alquiler	*rent*
el/la arrendador/a, el/la propietario/a	*landlord/landlady*
los bienes raíces, los inmuebles	*real estate*
la dirección (H. A.), las señas (Sp.)	*address*
la hipoteca	*mortgage*
el/la inquilino/a, el/la arrendatario/a (Sp.)	*tenant*
el piso	*spacious apartment* (sometimes large enough to encompass an entire floor of an apartment building)
la planta baja	*ground floor* (street level)
la primera planta	*floor immediately above ground level* (second story of a building)
la vivienda	*housing or a house*

Verbos

alquilar	*to rent*
apresurar	*to rush, to hasten*
diseñar	*to design*
mudarse	*to move to another residence*
remodelar (H. A.), reformar (Sp.)	*to renovate, to remodel*
retrasarse	*to get behind schedule*

Adjetivos

de (en) venta/alquiler	*for sale/rent*
mensual	*monthly*

Expresiones

dispararse (los precios)	*to shoot up* (referring to prices)
en perfectas/malas condiciones	*in top/poor condition*

hacerle (a uno) ilusión	*to capture one's imagination or dreams;*
	to get one's hopes up
llamar a la puerta	*to knock at the door*
nada más llegar, al llegar	*having just arrived, upon arriving*

Practica del Vocabulario basico

A. Oraciones. *Escoja la letra de la(s) palabra(s) que complete(n) mejor cada oración.*

1. Ramón es arquitecto, y lo que más quiere es _____ una casa en Mallorca para el Rey Juan Carlos.
   a. diseñar   b. alquilar

2. Anita es una _____ , y quiere encontrar un piso para vendérselo a unos clientes simpáticos.
   a. arrendadora   b. agente de bienes raíces

3. Juan quiere _____ una casa en la isla Margarita (Venezuela) por un mes.
   a. alquilar   b. retrasarse

4. A Sara no le gusta su apartamento pequeño y piensa _____ a un piso más amplio.
   a. mudarse   b. reformar

5. Inés visita a María en su piso nuevo; María se lo muestra inmediatamente _____ .
   a. alquilado   b. al llegar

6. Alejandro busca un piso que no necesite reformas; quiere que esté

   _____ .
   a. retrasado   b. en perfectas condiciones

7. Germán no puede subir las escaleras y por eso quiere vivir en _____ .
   a. la primera planta   b. la planta baja

8. Concha es la propietaria de dos apartamentos; uno ya está alquilado, pero para el otro le falta un _____ .
   a. inquilino   b. alquiler

9. Isabel y Alfonso van al banco para conseguir _____ que necesitan para comprar un piso.
   a. las señas   b. la hipoteca

10. Aunque en la Ciudad de México _____ los precios, Clara puede comprar un piso a precio módico con la ayuda económica de sus padres.
    a. se han disparado   b. están alquilados

B. Definiciones. *Empareje las columnas.*

_____	1. en venta	a.	no necesita renovaciones
_____	2. el alquiler	b.	irse a otro sitio
_____	3. el arrendador	c.	pavimento junto a la calle
_____	4. las señas	ch.	apartamento grande
_____	5. la vivienda	d.	parecerle a uno maravilloso
_____	6. la planta baja	e.	lo que se le paga al propietario
_____	7. hacerle a uno ilusión	f.	edificios, casas y terrenos
_____	8. reformar	g.	la residencia
_____	9. mudarse	h.	se puede comprar
_____	10. los bienes raíces	i.	indican donde está un edificio
_____	11. la primera planta	j.	remodelar
_____	12. mensual	k.	nivel de la calle
_____	13. la acera	l.	cada mes
_____	14. el piso	ll.	nivel encima de la planta baja
_____	15. en perfectas condiciones	m.	el propietario

C. Antónimos. *Empareje las columnas con la letra de la(s) palabra(s) que significa(n) lo opuesto.*

_____	1. llamar a la puerta	a.	los muebles
_____	2. los inmuebles	b.	dejarlo como está
_____	3. apresurar	c.	ir despacio
_____	4. reformar	ch.	decepcionar
_____	5. dispararse	d.	recibir el alquiler
_____	6. alquilar un apartamento	e.	caer rápidamente
_____	7. el piso	f.	adelantarse
_____	8. retrasarse	g.	el apartamento de una sola habitación
_____	9. pagar el alquiler	h.	vivir gratis con amigos
_____	10. hacerle a uno ilusión	i.	despedirse

CH. Inferencias. *Indique la palabra de la siguiente lista que mejor complete la primera oración, usando la información contenida en la segunda. Modifique la palabra cuando sea necesario.*

nada más llegar	**la acera**
la hipoteca	**en alquiler**
el/la agente de inmuebles	**mensual**
el/la arrendador/a	**la primera planta**
retrasarse	**la dirección**
el/la arrendatario/a	**la vivienda**
apresurar	**llamar a la puerta**
diseñar	

1. Elena estudia para ser una _____ . Quiere vender casas y departamentos (apartamentos) en México.

2. Juan nunca parece _____ . Siempre termina su trabajo temprano.

3. Jorge le pidió a Marta _____ de su prima, Ana. Quiere visitarla.

4. Guillermo es muy buen _____ . Cuida y limpia el apartamento que alquila.

5. Alguien acaba de _____ . La muchacha va a ver quién está afuera.

6. Algunos trabajadores están trabajando en _____ . Para pasarlos es necesario caminar en la calle.

7. Gustavo le pregunta a Isabel quién es su _____ . Quiere saber si esta señora le puede alquilar un apartamento parecido al suyo.

8. Aquel arquitecto _____ casas supermodernas. Su trabajo es muy conocido.

9. _____ que sacó la familia Sánchez es pequeña. El banco no tuvo que prestarles mucho dinero cuando compraron su casa.

10. Nicolás paga una gran proporción de su salario por su _____ . El lugar en que vive cuesta mucho.

11. Carmen y David viven en _____ . Suben una escalera a su apartamento.

12. No hay ningún apartamento _____ en el edificio de Ileana. Su amiga Marisol no puede alquilar un apartamento allí.

13. Roberto no intentó _____ a su novia a comprar aquella casa. Sin embargo, ella pensaba que él insistía en comprarla inmediatamente.

14. La cantidad _____ que paga Antonio por su apartamento es ochenta mil pesetas. Paga ochenta mil cada mes.

15. Carlos le pagó a Ignacio _____ . Le pagó sin esperar ni un momento.

CONVERSACIÓN CREADORA

Buscando un apartamento

Personajes

ELENA, 45 años
VÍCTOR, su marido, 50 años
ALBERTO, empleado de una agencia
AURORA, 20 años, hija de Elena y Víctor

Escenario

*Una calle de Madrid, en el barrio de Salamanca. Elena y Víctor
están parados en la acera, frente a una casa antigua con
miradores.° Víctor mira el reloj, impaciente. Elena mira hacia
arriba, al tercer piso.*

° bay windows *or* enclosed balconies

VÍCTOR:	Se está retrasando este hombre. Yo a las once tengo una reunión. Y Aurora tampoco ha venido. Claro que en ella no me extraña.° Siempre nos da plantón.°

no... [that] doesn't surprise me
nos... keeps us waiting

ELENA:	No te impacientes, es que está muy mal el tráfico. El piso debe ser ése de los miradores, el tercero. A mí, por fuera me encanta.
VÍCTOR:	No te hagas ilusión hasta verlo.

Llega Alberto, muy apresurado.

ALBERTO:	¿Los señores de Muñoz?	
VÍCTOR:	Sí, nosotros somos.	
ALBERTO:	Vengo para enseñarles el piso. Soy de la Agencia PRISA. Perdonen el retraso. Había un embote-llamiento° horrible en la Castellana.[2]	bottleneck, traffic jam
VÍCTOR:	Pues vamos a subir a verlo. Yo no tengo mucho tiempo.	
ELENA:	(*Mirando alrededor*) ¿No esperamos a Aurora?	
VÍCTOR:	Si viene, ella misma subirá. Tiene las señas.	

Entran y suben en el ascensor. Alberto abre el piso con una llave que trae.

ALBERTO:	Los dos baños están en perfectas condiciones, pero la cocina necesita un poco de reforma.	
ELENA:	Son tres dormitorios y un salón,° ¿no? Nosotros sólo necesitamos dos dormitorios.	living room
ALBERTO:	Eso no importa, pueden ustedes tirar un tabique.°	**tirar...** tear down a partitioning wall
VÍCTOR:	Ya, pero dése cuenta de que son veinticinco millones, y si encima° hay que meterse en obras.°	on top [of that] / **meterse...** get involved in construction
ALBERTO:	No crea que es tanto. En el barrio de Salamanca se han disparado mucho los precios. Este piso se lo va a quitar la gente de las manos.° Y orientación mediodía.°	**se...** is going to be snatched up **orientación...** southern exposure
ELENA:	Es verdad, a mí lo que me encanta es la luz.	

Llaman a la puerta y llega Aurora.

AURORA:	Hola. ¿Esta casa vais[3] a comprar? Yo la veo muy vieja. ¿Dónde estaría mi cuarto?	
VÍCTOR:	¿Ya empiezas con exigencias,° nada más llegar?	demands
ELENA:	Mira, Aurora, ¿qué te parece esta habitación para ti? Da a un patio, pero es la más grande.	

---

[2] La Castellana es una gran avenida central en Madrid.

[3] La forma plural de **tú** usada en España es **vosotros**.

COMPRENSION

A. ¿Qué pasó? *Escoja la letra que corresponde a la mejor respuesta.*

1. ¿Dónde están los personajes, y por qué se han reunido allí?
   a. Están en el barrio de Salamanca porque los señores Muñoz están buscando un piso.
   b. Están en el barrio de Salamanca porque Alberto está retrasado a causa del tráfico.
   c. Están en el barrio de Salamanca porque los señores Muñoz esperan a Aurora.
   ch. Están en un piso porque los señores Muñoz lo han comprado esta mañana.

2. ¿Por qué llega con retraso el empleado de la Agencia PRISA?
   a. porque no tiene prisa
   b. porque ha habido un embotellamiento en la Castellana
   c. porque no le gusta el tráfico
   ch. porque están esperando a Aurora

3. ¿Cómo es el piso que están mirando?
   a. Tiene dos dormitorios, un salón y miradores.
   b. Tiene dos dormitorios y mucha luz.
   c. Tiene tres dormitorios, un baño y un salón.
   ch. Tiene tres dormitorios, dos baños y un salón.

4. ¿Qué es lo que más le gusta a Elena?
   a. Hay mucha luz por dentro.
   b. El precio del piso es muy bajo.
   c. Hay bastantes dormitorios.
   ch. Los baños están en perfectas condiciones.

5. ¿Qué piensa Aurora de la casa?
   a. Dice que no tiene los suficientes dormitorios.
   b. Dice que le encanta por fuera.
   c. Dice que quiere que su cuarto dé a un patio.
   ch. Dice que le parece muy vieja.

B. ¿Qué conclusiones saca Ud.? *Conteste cada pregunta con una oración.*

1. ¿Cuál de los personajes es el más optimista en sus descripciones del piso, y por qué?

   _____

   _____

2. ¿Qué hace Alberto que le molesta a Víctor? _____

   _____

3. ¿Cómo eran antes los precios de viviendas en este barrio?_____

_____

4. Después de que llega Aurora, ¿por qué se impacienta Víctor con ella? _____

_____

5. ¿Qué sugiere Elena para interesar a su hija en la casa?_____

_____

CONCLUSION

*Después de dividirse en grupos, inventen una conclusión en forma de diálogo a la **Conversación creadora** Buscando un apartamento. Empiecen con la distribución de papeles (roles). Entonces, discutan sus ideas para la conclusión. Consulten el **Vocabulario útil** al final del capítulo para ayuda con el vocabulario de las casas y las finanzas. La conclusión de su grupo será presentada luego al resto de la clase.*

Instrucciones

_____

_____

Personajes

Elena _____

Víctor _____

Alberto _____

Aurora _____

_____

_____

Ideas para su conclusión

_____

_____

_____

_____

_____

_____

Escenas

*Formen parejas. Un/a estudiante tomará el papel de **A** y el/la otro/a el de **B**. Hablen en español hasta que solucionen el conflicto en cada situación. Luego, cuenten a los demás estudiantes cómo han resuelto Uds. cada escena. El **Vocabulario útil** al final del capítulo les ayudará con el vocabulario.*

1. **A** You are a real estate agent trying to sell a beautiful apartment in Madrid. The owner is a widow who is desperate for cash. Her asking price for the property is two hundred million pesetas (two million dollars). You are worried because another residence in this building sat on the market for two years before selling.

   B You are a businessperson who is looking for an investment. You like this apartment, but you want to be able to sell it at a profit. Six months ago, your aunt paid two hundred million pesetas for an apartment in the same building. You know that the neighborhood is becoming more commercial and less residential, and so it will have limited appeal to families. Try to get the price down to one hundred fifty million pesetas or less.

2. **A** You live in a small apartment in the center of a busy city, and you are getting tired of urban pressures. You would like to move to a larger house outside the city, even though it means that you and your partner will be much farther from your jobs. You hope someday to quit your job and write novels, although you have never told this to anyone.

   B Today at work you received a big promotion, which brings a hefty pay increase but will require longer hours on the job. You think that now you can afford to buy the kind of spacious, elegant city apartment that you've always wanted. Try to convince your partner to move to a more luxurious city apartment, reminding him or her of how convenient it is to live in the city, where everything is close by.

3. **A** You and your partner have just come back from seeing a wonderful house that you wish you could buy together, but that is out of your price range. You are certain you can't afford this house, even if the seller accepts a much lower price. Explain that if you buy a house that's too much for your budget—that takes more than thirty percent of your income—you could go bankrupt. Try to persuade your partner that the two of you should keep looking.

   B You think that you and your partner should buy the house of your dreams now that you have found it. You are convinced that you can manage financially: you can sell some stocks and bonds for the down payment, and cut back on monthly spending to afford the mortgage payments. You also think that you can get a good price on the house and that it will be a good investment. Convince your partner that the two of you should make a bid on this house.

4. **A** You are the landlord of an apartment building in the Colombian coastal city of Cartagena. Today, a group of four North American college students inquired about renting an apartment for the summer. You are afraid that they will ruin your property. However, you could use the rental income.

   B You are a student at a North American university and your Colombian-born mother has arranged summer jobs for you and three friends as bilingual tour guides in Cartagena. However, you are having trouble renting an apartment. You like the apartment you saw today. Try to convince the landlord that you are responsible, perhaps mentioning your Colombian background. If all else fails, you are willing to pay an extra month's rent to get this apartment.

Más actividades creadoras

*El **Vocabulario útil** al final del capítulo le ayudará con estas actividades.*

A. Dibujos. *Describa lo que está ocurriendo en los siguientes dibujos.*

B. Uso de mapas y documentos. *Refiérase a estos anuncios para contestar las siguientes preguntas.*

4300–VENTA CASAS	4320–S.W. MIAMI/ PEQUEÑA HABANA

4318–HIALEAH

4XX W. XX Pl.
(600) Mansión para ejecutivo, 4 cuartos, 4-1/2 baños, salón de billar, piscina, sauna, gazebo, cámara de seguridad, rejas y alarma, 3 unidades de a/central, 4,300 p/cuad. de vivienda en 12,600 p.cuad. de terreno. Paco González 881-XXXX Bep.[1]
CENTURY 21
Capital Rlty. 553-XXXX

3-2, losas, terreno grande, gabinetes,ventanas, baños y alfombras nuevas, $59,900.
3XXX NW 1XX ST.
388-XXXX Bep. 386-XXXX hasta 10 p.m.

Casa 3 dorms., esquina cercada. Por cita solamente. Por dueño, $85,000. 588-XXXX

NO LA PIERDA
Cómoda casa en lo mejor del West. 3 dorms., 2 baños, losa y más. En los 70's. Zoraida Agt. p.m. 825-XXXX.
COLDWELL BANKER
557-XXXX

ABIERTA DOM. 2-5
1XXX WEST XX ST.
Hipoteca asumible 3-2, garaje, fla. y más. Alicia Assoc. 883-XXXX Noches 558-XXXX.

PRINCIPAL PROPERTIES
INC. REALTOR

4319–MIAMI SPRINGS
3-2 garaje, lago $280,000. Dueño financia. Inf: 885-XXXX

CASA CON INCOME AREA SHENANDOAH
2/1 más Apto. fla. room, patio cercado, techo tejas. Remodelada muy bonita. José Luis Domínguez. 642-XXXX Bep. 543-XXXX
CENTURY 21
Dorar Rlty. Inc. Rltr.
246-XXXX

Casa amplia, 3 dorms., 2 baños, con apto. para suegros. Remodelados la cocina y los baños, nueva alfombra.
Sarah Bernier
GODFREY RLTY.
277-XXXX ó 559-XXXX

4321– CORAL GABLES
C. GABLES $129 M
Area Coral Way. Como nueva, amplia, 3 dorms., 2 baños, fla. room.
TOLEDO RLTY INC
(300) Realtor 264-XXXX

4322–BRICKELL/ COCONUT GROVE
DUEÑO FINANCIA
3-2, family, A/C, remodelada. Como nueva más Apto. completo. No se la pierda, 643-XXXX
Cont. Landmark Rlty.

4323–AREA AEROPUERTO MIAMI
OPORTUNIDAD
Hipoteca asum. FHA. 4 dorms, 3 baños, remod. cuarto y baño, entrada separada. XX Ave. NW XX St. $105,000. Oferta.
J. Pérez Rltr 858-XXXX

[1]**Bep.** se refiere a **Beper** (*Beeper* en inglés) y es uno de los varios anglicismos—palabras prestadas del inglés—que se encuentran aquí.

1. ¿Cuáles son algunas de las ventajas de las casas ofrecidas?

2. Basando su opinión en las descripciones, ¿cuál parece ser la casa más lujosa? Indique otra casa que parece ser muy modesta.

3. Además de los precios, ¿qué ventajas financieras para el comprador se mencionan?

C. Respuestas individuales. *Piense en las siguientes preguntas para contestarlas en la forma indicada por su profesor/a.*

1. ¿Cómo es el piso, la casa o la residencia estudiantil en que vive Ud.? Descríbalo/la en detalle.

2. Asuma el papel de arquitecto para diseñar la casa ideal. Luego, haga una presentación a un «cliente potencial» (la clase).

CH. Contestaciones en parejas. *Formen parejas para completar las siguientes actividades.*

1. Ordenen la siguiente lista de factores que influyen en una decisión para comprar una casa, señalando con números (1-12, siendo el primero el más significativo) la importancia de cada factor. Luego, comparen su lista con las de otras parejas.

   ____ vecinos simpáticos   ____ cocina ultramoderna
   ____ barrio prestigioso   ____ habitaciones grandes
   ____ mucha luz natural   ____ aire acondicionado
   ____ precio justo   ____ garaje doble
   ____ recién pintada   ____ bonito jardín
   ____ baños en perfectas condiciones ____ piscina (alberca)

2. En cada pareja, un/a estudiante será el/la dueño/a (*owner*) de una casa que quiere vender, y el/la otro/a será alguien que quiere comprarla. La casa se sitúa en Coral Gables, un bonito barrio en Miami. Tiene tres dormitorios, dos baños y un garaje doble. Tendrán que discutir el precio hasta que lleguen a un acuerdo. Luego, comparen su precio final con los de otras parejas.

D. Proyectos para grupos. *Formen grupos de cuatro o cinco personas para completar estos proyectos.*

1. Diseñen una casa o una residencia estudiantil ideal. Luego, describan su edificio a la clase.

2. Uds. acaban de ganar un millón de dólares en la lotería del estado. Preparen un plan de inversión. Luego, presenten su plan a la clase.

E. Discusiones generales. *La clase entera participará en discusiones usando como base las siguientes preguntas.*

1. ¿Cuáles son las ventajas de arrendar y cuáles son las de comprar un piso o una casa? Un/a estudiante puede resumir las ventajas en dos listas en la pizarra (el pizarrón). En su clase, ¿cuál alternativa es preferida?

2. Formen dos comités para sugerir reformas en las residencias estudiantiles de su universidad. Preparen una lista de las reformas que Uds. consideran urgentes.

Vocabulario util

*La siguiente es una lista de palabras y expresiones selectas que le ayudarán en este capítulo. Al final de cada sección, Ud. puede usar el **Vocabulario individual** para acordarse de otras palabras nuevas que encuentre.*

Las casas

Sustantivos

el aire acondicionado	*air conditioning*
el barrio, el vecindario	*neighborhood*
la calefacción	*heating*
la cancha de tenis	*tennis court*
la cañería, la tubería, la fontanería *(Sp.)*	*plumbing*
el cemento	*cement*
el césped	*lawn, grass*
el comedor	*dining room*
el condominio	*condominium*
el contratista	*contractor, builder*
el contrato de alquiler	*lease*
la cortina	*curtain*
el desván	*attic*
el diseño	*design*
la distribución	*layout of rooms*
el enchufe	*electrical socket or plug*
el estuco	*stucco*
la finca	*farm, country home*
el gimnasio	*gym*
la hectárea	*hectare (2.47 acres)*
el hogar, la chimenea	*fireplace, hearth;* **el hogar** *is also used metaphorically for "home"*
el horno	*oven, stove*
el (horno) microondas	*microwave (oven)*
el jardín *(H. A.),* **el prado** *(Sp.)*	*yard*
el ladrillo	*brick*
el lavaplatos	*dishwasher*
el metro cuadrado	*square meter (1 meter=3'3.3")*
el muro	*exterior wall*
el papel tapiz para paredes	*wallpaper*
la persiana	*venetian blind*
la piedra	*stone*
la pintura	*paint*
la piscina, la alberca *(Mex.)*	*swimming pool*
el quitapintura, el disolvente	*paint remover*
la reja	*iron grille or window bar*
la sala, el salón	*living room*

el sótano	*basement*
la urbanización	*suburb, subdivision*
el taller	*workshop, shop*
el techo	*roof*
el terreno	*land*
el toldo	*awning* (usually canvas, used to shade patios and houses)
la ubicación, la colocación	*location*
el/la vecino/a	*neighbor*

V E R B O S

amoblar (ue)	*to furnish*
cimentar (ie)	*to cement*
construir	*to build*
estucar	*to stucco*

A D J E T I V O S

gastado/a	*worn out, shabby*
inflado/a	*inflated*
inmobilario/a	*having to do with real estate*
justo/a	*fair*

E X P R E S I O N E S

meterse en obras	*to undertake a remodeling or construction project*

V O C A B U L A R I O   I N D I V I D U A L

_____   _____

_____   _____

_____   _____

_____   _____

_____   _____

Las finanzas

S U S T A N T I V O S

las acciones	*stocks*
el/la accionista	*stockbroker*
los altibajos	*ups and downs* (used with stock market)
el anticipo	*down payment*
la bancarrota	*bankruptcy*
la bolsa	*stock market*
el bono	*bond*
la caída	*fall*
la cuenta	*account*
la cuenta de ahorros	*savings account*

la cuenta corriente	*checking account*
la ganancia	*profit*
los ingresos	*income*
la inversión	*investment*
la libreta de ahorros	*savings passbook*
la oferta	*offer, bid*
el pago	*payment*
la pérdida	*loss*
la póliza de seguro	*insurance policy*
el porcentaje	*percentage*
el préstamo	*loan*
la prima	*premium, payment* (insurance or mortgage)
la propiedad	*property*
el seguro	*insurance*
la solicitud	*application*
la subida	*rise*
el talonario	*checkbook*
la tarjeta de crédito	*credit card*

Verbos

depositar (dinero)	*to deposit (money)*
invertir (ie)	*to invest*
pagar al contado *(H.A.),* **pagar en efectivo** *(Sp.)*	*to pay cash*
pagar a crédito	*to pay by charge account*
pagar a plazos	*to pay in installments*
retirar (dinero)	*to withdraw (money)*
valer	*to be worth*

Adjetivos

bancario/a	*banking*
por ciento	*percent*
semanal	*weekly*
solicitado/a	*in demand*

Expresiones

en efectivo	*cash*
hacer una solicitud	*to apply* (for something)
estar en bancarrota, ir a la bancarrota, estar en quiebra	*to go bankrupt, to be broke*

Vocabulario individual

_____   _____

_____   _____

_____   _____

_____   _____

3

Los mercados al aire libre

Objetivos: *Aprender a...*

▲ *describir gente y narrar acontecimientos.*
▲ *participar en el regateo* en un mercado.*

* bargaining

NOTAS CULTURALES

Hispanoamérica

Un mercado indio en Pisac, Perú

Los mercados al aire libre han sido parte de la tradición hispanoamericana desde los tiempos precoloniales, tanto en las ciudades como en los pueblos. En estos mercados todavía se puede regatear° los precios y comprar comidas, frutas, artesanía, ropa y muchas otras cosas. Un mercado mexicano muy conocido es el Mercado de La Lagunilla, situado en el céntrico barrio del mismo nombre, en la Ciudad de México.

    En las ciudades grandes, un fenómeno reciente es la introducción de los «mercados de pulgas°». Estos mercados aparecen todos los fines de semana. Allí se realiza la compraventa° de objetos de segunda mano, es decir, usados. A veces tienen cosas nuevas también; siempre existe la posibilidad de que éstas sean productos de robos° o de contrabando.°

    La «Feria de San Telmo», en el viejo barrio de San Telmo en Buenos Aires, Argentina, es uno de los mercados al aire libre más famosos que hay en Hispanoamérica. En este mercado, los vendedores están vestidos a la antigua: su ropaje es copia exacta de lo que se llevaba en el siglo pasado. La gente va de puesto° a puesto admirando a los vendedores, aún cuando no deseen comprar nada. Para los que sí quieren hacer compras,

bargain, haggle over

mercados... flea markets

buying and selling

robberies / contraband (illegal importation)

stand

aquí a precio de ganga° se puede comprar joyas, artesanía nacional, ropas y antigüedades.°

bargain
antiques

España

La compraventa en El Rastro, Madrid

El Rastro, situado en torno a° la Plaza de Cascorro en uno de los barrios más populares de Madrid, es el lugar más importante de compraventa de objetos usados. Abarca° varias calles, donde no hay más que tiendas de antigüedades y puestos callejeros. Se puede comprar desde un enchufe° viejo hasta un cuadro que vale millones de pesetas. Los domingos el Rastro está particularmente animado; ahí se pueden ver gentes de las más diferentes edades y clases sociales.

Teniendo en cuenta que algunos de los objetos que van a parar° allí son producto de algún robo, no es difícil encontrar a algún ratero° junto a señores y señoras muy elegantes.

Actualmente° los vendedores se han aprovechado de la popularidad creciente° del Rastro para subir bastante los precios. Ya no se encuentran gangas con tanta facilidad como antes, aunque todavía, con un poco de paciencia, puede aparecer alguna.

en... surrounding

[It] includes

electrical plug

end up
thief, pickpocket
Presently
growing

Vocabulario basico

Los mercados al aire libre

Sustantivos

el almacén	*department store, warehouse*
la bolsa, la cartera *(H. A.)*, el bolso *(Sp.)*	*handbag*
la compraventa	*buying and selling*
la estación de policía *(H. A.)*, la comisaría *(Sp.)*	*police station*
la ganga	*bargain*
la plata *(H. A.)*, la pasta *(Sp.)*[1]	*money* (slang)
el puesto (callejero)	*(street) stand*
el ratero, el ladrón	*thief, pickpocket*
el regateo	*bargaining, haggling*
la talla	*clothing size*

Verbos

agacharse	*to stoop* (physically)
cobrar	*to charge* (a price)
denunciar	*to report something to an authority*
fijarse en	*to notice*
regatear	*to bargain, to haggle over a price*
soltar (ue)	*to let go of*

Adjetivos

confiado/a	*trusting*
fijo/a	*fixed* (**precio fijo** means no bargaining allowed)

Adverbios

gratis	*free of charge*

Expresiones

darse cuenta (de)	*to become aware (of)*
Délo por perdido.	*Write it off.*
Le (te, se, nos) va a dar algo.	*You're (she's, he's, we're) going to give yourself (herself, himself, ourselves) a heart attack.*
lo de menos	*the least of it*
No será para tanto.	*It's not a big deal. Don't make a big deal out of it.*
por mí	*as far as I'm concerned*

---

[1]Otras expresiones comunes *(slang)* para **el dinero** son: **la lana** (México), **la guita** (Argentina, España) y **la tela** (España).

Practica del Vocabulario basico

A. Párrafo con espacios. *Llene cada espacio en blanco con la forma correcta de la palabra más apropiada de la siguiente lista.*

el ratero	**fijarse en**
la bolsa	**no será para tanto**
agacharse	**el puesto callejero**
cobrar	**la talla**
el almacén	**soltar (ue)**

María va a La Lagunilla a hacer sus compras de Navidad. Al bajar del

autobús se para en el primer _____ que

encuentra. En vez de quedarse de pie, _____

para ver mejor la mercancía que está en el suelo. María

_____ la bolsa, dejándola a su lado. Así puede

apreciar mejor _____ del suéter que quiere

comprarle a su novio. Ella _____ un suéter bello,

admirándolo.

—¡Qué lindo! ¿Cuánto cuesta? —le pregunta al vendedor.

—Noventa pesos[2] —contesta él.

—Es demasiado caro, hombre. Le puedo dar cincuenta pesos.

—¡Uf! ¡Qué va! Si está hecho a mano, no como los suéteres que se

hallan en cualquier _____ . ¿Ud. quiere que se lo

regale? ¡Le tengo que _____ algo!

—Bueno, ¿qué tal sesenta y cinco?

—¡Es el último precio! Vamos a dejarlo en setenta, por ser usted. Y

cuidado con _____ , porque en este sitio hay más

de un _____ .

—Yo creo que _____ , a mí nunca me han

robado nada. Y vengo mucho por aquí.

—Bueno, era sólo un consejo.

---

[2]Aproximadamente tres pesos nuevos mexicanos equivalen a un dólar norteamericano. Para calcular el cambio con precisión, es necesario consultar un periódico reciente o con un banco.

B. Definiciones. *Empareje las columnas.*

_____	1. lo de menos	a. ¡No estés tan emocionado/a!
_____	2. por mí	b. el bolso
_____	3. Te va a dar algo.	c. descubrir
_____	4. darse cuenta	ch. con mucha fe en los demás
_____	5. gratis	d. comprar y vender
_____	6. la ganga	e. discutir el precio
_____	7. regatear	f. a mi parecer
_____	8. la comisaría	g. no importa
_____	9. denunciar	h. un precio que no se puede
_____	10. confiado/a	regatear
_____	11. el regateo	i. sin tener que pagar
_____	12. la compraventa	j. vale más de lo que cuesta
_____	13. fijo	k. avisar a las autoridades
_____	14. Délo por perdido.	l. discusión sobre el precio
_____	15. la cartera	ll. estación de policía
		m. Tiene que aceptar que algo
		ha desaparecido.

C. Sinónimos o antónimos. *Para cada par de palabras, indique si el significado es igual (=) o lo opuesto (≠).*

1. agacharse	_____	ponerse de pie
2. denunciar	_____	revelar a la policía
3. el almacén	_____	una tienda enorme
4. la comisaría	_____	el restaurante
5. cobrar	_____	pedirle dinero al comprador
6. fijarse en	_____	notar
7. el regateo	_____	precios fijos
8. la compraventa	_____	los negocios
9. gratis	_____	caro
10. pasta	_____	plata
11. no será para tanto	_____	no tiene importancia
12. lo de menos	_____	lo más importante
13. Te va a dar algo.	_____	¡Cuidado! Estás demasiado emocionado/a.
14. Délo por perdido.	_____	Debe buscarlo.
15. por mí	_____	en mi opinión
16. la talla	_____	el tamaño de la ropa
17. regatear	_____	pagar lo que se pide
18. confiado/a	_____	sospechoso/a
19. precio fijo	_____	prohibido regatear
20. darse cuenta de	_____	saber por primera vez

CH. Sopa de letras. *Esta sopa de letras contiene cinco palabras (horizontales o verticales) que corresponden a las siguientes definiciones. Haga un círculo alrededor de cada palabra.*

1. sinónimo para el dinero en España

2. algo que vale mucho, a precio módico

3. un ladrón

4. abandonar

5. sitio donde se vende mercancía en la calle

```
p  o  g  z  b  r  m s
u  p  a  s  t  a  c  o
e  r  n  o  v  t  a  l
s  e  g  r  i  e  mt
t  c  a  r  d  r  i  a
o  m  d  o  e  o  l  r
```

CONVERSACIÓN CREADORA

Un puesto de compraventa en el Rastro

Personajes

UN VENDEDOR, de unos 60 años
UNA SEÑORA, de unos 60 años
CHICO PRIMERO
CHICO SEGUNDO (Vicente)

Escenario

Un puesto de compraventa en el Rastro. Es domingo por la mañana. Los vendedores del Rastro alinean° su mercancía en la calle. Hay mucho barullo° de gente que se empuja.   line up / commotion

Una señora de unos sesenta años se ha agachado a mirar unas prendas° de ropa y ha dejado un momento el bolso en el suelo para calcular sobre su cuerpo el tamaño de una blusa. Cuando se da cuenta, el bolso ha desaparecido.   articles

SEÑORA:	¡Mi bolso! ¡Mi bolso! Lo tenía aquí ahora mismo.
VENDEDOR:	Pues ya se puede despedir de él, señora. ¿De dónde sale usted? No hay que soltar los bolsos de la mano. Aquí hay mucho «chorizo°» los domingos. thieves *(slang)*
SEÑORA:	*(Mirando alrededor)* ¡No puede ser! Tiene que aparecer. ¡Si no aparece me han hundido!° **me...** I'm sunk
VENDEDOR:	No será para tanto. Ahí no está. ¿No ve usted que no está? ¡No me revuelva° la ropa, por favor! jumble up

SEÑORA: ¡Ay Dios mío, qué catástrofe! ¿Qué voy a hacer?

La gente se agrupa alrededor de la señora. Dos chicos jóvenes tratan de calmarla.

CHICO PRIMERO: ¿Se ha fijado usted en la gente que tenía al lado?

SEÑORA: No me acuerdo. Bueno..., sí. Había un chico muy simpático que me estuvo dando conversación. Pero era muy guapo y muy amable. Además iba bien vestido.

CHICO SEGUNDO: No me diga más. Esos son los peores.

SEÑORA: ¡Cómo está el mundo, Dios mío, cómo está el mundo! Hasta le dije que se parecía a mi sobrino, que Dios tenga en su gloria, al pobre Oscar. ¡No puede haber sido él!

CHICO PRIMERO: ¿Llevaba usted mucha pasta?

SEÑORA: Sí, bastante, pero el dinero es lo de menos.

CHICO PRIMERO: Eso de que es lo de menos lo dirá usted.

SEÑORA: Llevaba las llaves de casa, el carnet de identidad,° unas fotos que quiero mucho, un billete de avión para mañana...   **carnet...** I.D. card

VENDEDOR: Pero bueno, ¿y cómo se le ocurre a usted salir a la calle con ese almacén? La veo demasiado confiada.

SEÑORA: A mí nunca me habían robado, nunca... No sé qué hacer... Lo peor es lo del billete de avión.

CHICO SEGUNDO: El que sea se quedará con la pasta. Lo otro muchas veces lo devuelven. Depende de la ética que tengan. ¡Pero no llore, señora! Venga con nosotros a aquel bar° a tomarse un vaso de agua, que le va a dar algo.   neighborhood café in Spain

SEÑORA: No, lo que yo quiero es ir a la comisaría. ¿Dónde está la comisaría más cercana?

CHICO PRIMERO: Ahí en La Latina. Pero una denuncia° no le vale nada. Si quiere, vamos con usted. ¿La acompañamos, Vicente?   report (to police)

CHICO SEGUNDO: Por mí, bueno.

CHICO PRIMERO: Ande,° señora, no se ponga así. Vamos para allá, que está muy cerca.   Come on

SEÑORA: Dios os[3] lo pague, hijos, Dios os lo pague. Menos mal que queda gente buena.

---

[3]La forma **vosotros** se nota aquí con el uso del pronombre **os** como complemento indirecto *(indirect object pronoun).*

COMPRENSION

A. ¿Qué pasó? *Escoja la letra que corresponde a la mejor respuesta.*

1. ¿Cuándo y dónde tiene lugar este episodio?
   - a. La Lagunilla/el sábado/por la mañana
   - b. el Rastro/el domingo/por la mañana
   - c. la comisaría/el domingo/por la mañana
   - ch. el Rastro/el sábado/por la mañana

2. ¿Cuántos personajes participan?
   - a. dos
   - b. tres
   - c. cuatro
   - ch. seis

3. ¿Qué le ha pasado a la señora?
   - a. Ha dejado las llaves en casa.
   - b. Ha conseguido una ganga.
   - c. Se ha olvidado de dónde estaba el bolso.
   - ch. Ha sido víctima de un robo.

4. ¿Qué *no* llevaba la señora en el bolso?
   - a. las llaves
   - b. un billete de avión
   - c. el pasaporte
   - ch. unas fotos

5. ¿Adónde quiere ir la señora?
   - a. al bar
   - b. a la Plaza de Cascorro
   - c. a casa
   - ch. a la comisaría

B. ¿Qué conclusiones saca Ud.? *Conteste cada pregunta con una oración.*

1. ¿Cómo pudo ocurrir el robo?_____

_____

2. Después del robo, ¿cómo reaccionan la señora y el vendedor? _____

_____

3. ¿Qué piensa el vendedor de la señora? _____

_____

4. ¿Cómo tratan los chicos a la señora? _____

_____

5. ¿Por qué piensa el chico segundo que es posible que el ratero devuelva todo lo que estaba en el bolso, menos el dinero? _____

_____

CONCLUSION

Después de dividirse en grupos, inventen una conclusión a la **Conversación creadora** *Un puesto de compraventa en el Rastro, siguiendo las instrucciones de su profesor/a. Consulten el* **Vocabulario útil** *al final del capítulo para ayuda con el vocabulario de la compraventa, algunos artículos en venta en los mercados al aire libre, la policía y las descripciones.*

Instrucciones

_____

_____

Personajes

Vendedor _____

Señora _____

Chico primero _____

Chico segundo (Vicente) _____

_____

_____

Ideas para su conclusión

_____

_____

_____

_____

_____

Escenas

En parejas, hablen en español *para solucionar y luego describir cada conflicto. El* **Vocabulario útil** *al final del capítulo les ayudará con estas escenas.*

1. **A** Your wallet has just been stolen by a person whom you saw clearly. Report the theft to a police officer who is patrolling La Latina. Tell him or her that you are scheduled to fly home early tomorrow morning, and that you don't want to leave without your wallet. Try to resolve this problem immediately.

   B You are a police officer who has just been informed that a thief with a stolen wallet has been taken into custody a few blocks away. You could go try to retrieve the wallet now, to see if it belongs to this American visitor, but you would prefer to handle the case later this afternoon, after it has been officially recorded at the police station. If you investigate now you will be late for a birthday luncheon in honor of your mother. Try to persuade the victim to go to the nearby police station and report the theft.

2. **A** You are a furniture dealer in Madrid who has a beautiful antique cabinet for sale. For some reason, the cabinet has not attracted much buyer interest. You want to sell it and use the income to buy some other merchandise. However, you cannot accept less than you paid for it: forty thousand pesetas (approximately $400 U.S.). If possible, you would like to earn a profit.

   B You are a financially successful man or woman shopping for furniture for a new apartment. You spot a beautiful cabinet that reminds you of one that belonged to your uncle when you were growing up. You guess that it is worth thirty or forty thousand pesetas (about $300 to $400 U.S.), and would like to buy it at the best possible price.

3 **A** You just bought a watch from a street vendor at a very low price. However, when you try to set it, you cannot get it to work. You would like your money back.

   B You just sold a customer a watch from a batch that possibly contained some defective watches. You would like to exchange another watch for the defective one, instead of refunding the purchase price. Try to persuade the customer to accept another watch.

4. **A** You have been invited to dinner tonight at the home of a wonderful professor in the Study Abroad program in which you have been participating for several months, and you would like to bring flowers. You once heard your professor say that he or she likes carnations (**claveles**), so you intend to buy some. The flower stand you visit has

some attractive carnations and some spectacular roses; the roses are much more expensive than the carnations.

B You own a flower stand in La Lagunilla. All of your flowers are fresh, but you would like to sell the more perishable ones first. You know that roses will wilt in a few days, whereas carnations will last almost a week, so you want to sell the roses first. Try to persuade this customer to buy roses.

Más actividades creadoras

*El **Vocabulario útil** al final del capítulo le ayudará con estas actividades.*

A. Dibujos. *Describa lo que está ocurriendo en los siguientes dibujos.*

B. Uso de mapas y documentos. *Refiérase a este recibo para contestar las siguientes preguntas.*

ASOCIACION OBRAS SOCIALES LA SOLEDAD
MERCADO NACIONAL DE ARTESANIA
CASA DEL ARTESANO
TELEFONO: 21-50-12 — APARTADO 3297
SAN JOSE, COSTA RICA

FACTURA DE CONTADO   N⍛ 68090   **C**

Dia	Mes	Año
5	2	94

VENDIDO A:

DIRECCION:

Cantidad	Descripción	Precio unitario	Total	
2	Prensas 20047-52	319	638	—
2	Collar 1-354-48	551	1102	—
1	" 1-354-50		362	50
2	Aretes 20047-49	116	282	—

| | | | TOTAL | 2334 | 50 |

78704 Imp. ROSOBA, S. A. Tel. 21-03-36

NO ACEPTAMOS DEVOLUCIONES DE MERCADERIA
MERCADO NACIONAL DE ARTESANIA

ORIGINAL: Cliente

---

[1]Aproximadamente 135 colones costarricenses equivalen a un dólar norteamericano. Para calcular el cambio con precisión, es necesario consultar un periódico reciente o con un banco.

1. ¿En qué mes fue hecha esta compra?

2. ¿Qué artículo comprado fue el más caro?

3. Si el/la comprador/a decide que los aretes que compró son feos, ¿puede devolverlos?

C. **Respuestas individuales.** *Piense en las siguientes preguntas para contestarlas en la forma indicada por su profesor/a.*

1. ¿Ha estado Ud. en algún mercado parecido al Rastro o La Lagunilla? Describa su experiencia a la clase.

2. ¿Ha sido Ud. alguna vez víctima de un robo? Cuente cómo fue.

CH. **Contestaciones en parejas.** *Formen parejas para completar las siguientes actividades.*

1. En cada pareja, un/a estudiante será el/la vendedor/a, y el/la otro/a será el/la comprador/a. El/La vendedor/a tratará de vender algo que ha traído a la clase. Uds. tendrán que regatear hasta que lleguen a un acuerdo sobre un precio aceptable para los dos. Luego, cambien de papeles y sigan practicando su destreza con el regateo. (Nota: Por regla general, al comprador le conviene empezar por ofrecer un poco más de la mitad de lo que pide el vendedor.)

2. Cuéntense cuándo fue la última vez que compraron algo en rebaja (*on sale*). ¿Resultó ser una verdadera ganga? Luego, cuente cada uno a la clase entera la experiencia de su compañero/a.

D. **Proyectos para grupos.** *Formen grupos de cuatro o cinco personas para completar estos proyectos.*

1. Sírvanse de las siguientes preguntas para guiar una discusión sobre la seguridad ciudadana. ¿Están Uds. preocupados por su seguridad en el lugar donde viven? ¿Qué precauciones toman para evitar robos? ¿Qué precauciones adicionales deberían tomar? Si vivieran Uds. en otra parte, por ejemplo en una ciudad grande o en un pueblo, ¿se comportarían de otra manera? Elijan a un representante de cada grupo para ofrecer a la clase un resumen de sus conclusiones.

2. Uno por uno, describan a un/a compañero/a de clase, sin nombrarlo/la. Cuente los segundos que pasan antes de que uno de sus compañeros del grupo pueda identificar quién es la persona que se describe.

E. Discusiones generales. *La clase entera participará en estas actividades.*

1. Siéntense en círculo para este juego de memoria. La primera persona dirá: «Hoy fui al Rastro y me compré una lámpara.» La próxima persona empezará con lo que dijo la anterior, y añadirá otra cosa, tal como: «Hoy fui al Rastro y me compré una lámpara y un tostador.» Continúen hasta donde les sea posible.

2. Siéntense en círculo para crear una narración consecutiva (de persona a persona, añadiendo espontáneamente cada estudiante un nuevo acontecimiento) que tenga como tema central las aventuras de un ratero en un mercado al aire libre. Si quieren, usen fotos sacadas de revistas para ilustrar la narración.

Vocabulario util

La compraventa

Sustantivos

la billetera, la cartera	*wallet*
la cuenta, la factura	*bill for goods or services*
el descuento	*discount*
la devolución	*return*
la liquidación	*big sale held by a store*
el pedido	*order*
el recibo	*receipt*
el/la vendedor/a ambulante	*street vendor, peddler*

Verbos

agotarse	*to be sold out*
envolver (ue)	*to wrap*

Adjetivos

apretado/a	*tight*
claro/a	*light* (in color)
gratuito/a	*free*
oscuro/a	*dark*
suelto/a	*loose*

Expresiones

en rebaja, rebajado/a	*on sale, marked down*
¡Qué va!	*Come on!* (Used to dispute something, such as an unfair price or any inaccurate statement)
quedarle a uno bien/mal	*to look (to fit) well/poorly*

VOCABULARIO INDIVIDUAL

_____   _____
_____   _____
_____   _____
_____   _____
_____   _____

Algunos artículos en venta en un mercado al aire libre

la antigüedad	*antique*
los aretes, los pendientes	*earrings*
el armario	*cabinet, free-standing closet*
la cabecera	*headboard*
el/la casete	*audiocassette*
el collar	*necklace*
la cristalería	*glassware*
el estante para libros	*bookcase*
la figura de porcelana	*porcelain figurine*
la grabadora	*tape recorder*
la joyería	*jewelry*
el marco	*frame*
el mueble	*(piece of) furniture*
el prendedor *(H. A.)*, **el broche** *(Sp.)*	*decorative pin, brooch*
la prensa	*(hair) barrette*
la pulsera	*bracelet*
el secador de pelo	*hair dryer*
el tostador	*toaster*
la vajilla	*set of dishes*
el ventilador	*room fan*

VOCABULARIO INDIVIDUAL

_____   _____
_____   _____
_____   _____
_____   _____
_____   _____

La policía

SUSTANTIVOS

el crimen, el delito	*crime*
las esposas	*handcuffs*
la huella	*track, trace*
la huella digital	*fingerprint*
el indicio	*clue*
la multa	*fine*
la patrulla	*patrol*
el robo	*robbery, theft*
el/la testigo	*witness*

VERBOS

arrestar	*to arrest*
asesinar	*to murder*
atestiguar	*to witness*
denunciar	*to report*
matar	*to kill*
patrullar	*to patrol*
sospechar	*to suspect*

ADJETIVOS

sospechoso/a	*suspicious*

EXPRESIONES

¡Qué alivio!	*What a relief!*
¡Qué susto!	*What a scare!*
¡Socorro!, ¡Auxilio!	*Help!*

VOCABULARIO INDIVIDUAL

_____   _____

_____   _____

_____   _____

_____   _____

Las descripciones

SUSTANTIVOS

la barba	*beard*
el bigote	*mustache*
la peluca	*wig*
el peso	*weight*

Estatura y peso[1]

Estatura

Pies y pulgadas	Metros y centímetros
4' 10"	1,47
4' 11"	1,49
5'	1,52
5' 1"	1,55
5' 2"	1,57
5' 3"	1,60
5' 4"	1,63
5' 5"	1,65
5' 6"	1,68
5' 7"	1,70
5' 8"	1,73
5' 9"	1,75
5' 10"	1,78
5' 11"	1,80
6'	1,83
6' 1"	1,85
6' 2"	1,88
6' 3"	1,91

Peso

Libras	Kilogramas	Libras	Kilogramas
100	45,40	180	81,72
105	47,67	185	83,99
110	49,94	190	86,26
115	52,21	195	88,53
120	54,48	200	90,80
125	56,75	205	93,07
130	59,02	210	95,34
135	61,29	215	97,61
140	63,56	220	99,88
145	65,83	225	102,15
150	68,10	230	104,42
155	70,37	235	106,69
160	72,64	240	108,96
165	74,91	245	111,23
170	77,18	250	113,50
175	79,45		

[1] Para convertir pulgadas a centímetros, multiplique por 2,540. Para convertir libras a kilogramas, multiplique por 0,454.

ADJETIVOS

alto/a	*tall*
bajo/a	*short*
delgado/a	*slim*
flaco/a	*very slender*
gordo/a	*plump*

VOCABULARIO INDIVIDUAL

_____   _____

_____   _____

_____   _____

_____   _____

_____   _____

La familia y la televisión

Objetivos: *Aprender a...*

▲ *discutir un tema controvertible en un ambiente social.*
▲ *comentar películas, programas de televisión y libros.*

NOTAS CULTURALES

Hispanoamérica

Un estudio de televisión en Caracas, Venezuela

Por lo general, cada país en Hispanoamérica tiene de uno a tres canales° de televisión estatal,° donde se transmiten° programas culturales y científicos, dramas, películas, noticiarios° y más. La programación° ofrecida por «Univisión», una red° hispanoamericana internacional, es también una de las favoritas. Hoy en día muchos hispanoamericanos disfrutan de° diversa programación originada en todas partes del mundo, a través de antenas parabólicas° y cable.

channels / state-owned / **se...** are broadcast
news programs
programming / network (net)

disfrutan... enjoy

antenas... satellite dishes

Un tópico principal de «sobremesa», o plática social, es comentar lo que ocurrió o lo que está ocurriendo en las muchas telenovelas° que ofrecen los canales latinoamericanos. En este momento están de moda las telenovelas brasileñas, mexicanas y venezolanas, las cuales son vistas tanto por hombres como mujeres. Los partidos° de fútbol que se transmiten durante la temporada de este deporte deleitan a millones de hispanoamericanos de ambos sexos, aunque más hombres que mujeres siguen todos los partidos.

serial dramas, soap operas

matches

La popularidad del video° es también extraordinaria. Se puede alquilar videos en los supermercados o en tiendas especiales. Además de las películas hispanoamericanas clásicas y recientes, se ofrece una cantidad enorme de películas extranjeras, a veces dobladas° o con subtítulos en español.

video, VCR, or videotape

dubbed

España

Mirando la televisión en un bar en Cangas (Asturias)

En 1956 empezó la programación regular de Televisión Española, aunque tardó bastantes años todavía en alcanzar la popularidad que hoy tiene. Actualmente es rara la casa, tanto en las ciudades como en el pueblo más aislado,° que no cuenta con° un televisor.° Hay familias que tienen la televisión puesta todo el día, pongan el programa que pongan.° Cuando hay un solo televisor en casa, suele haber° discusiones, porque a no todos los miembros de la familia les gusta el mismo programa. La mayoría de los ciudadanos españoles están mucho más informados de lo que pasa en el mundo por medio de la televisión que a través de los periódicos.

isolated
no... doesn't depend on / TV set
pongan... regardless of what is on
suele... there are

La televisión estatal, cuyo centro está en Madrid, dispone de° dos canales: la Primera cadena° (TV 1) y la Segunda cadena (Canal 2). Desde hace poco hay también dos canales privados, Antena 3 y Tele 5, y el Canal Plus, que está primordialmente° dedicado a la transmisión° de películas y videos musicales. Sólo las personas abonadas° al Canal Plus (las que pagan una cuota mensual) pueden ver la mayoría de esta programación.

dispone... has available / network (chain)
primarily
broadcast
subscribers

Existen también televisiones regionales, como la de Cataluña, la de Galicia, la del País Vasco y otras, que se llaman televisiones autónomas. El canal de la región de Madrid se llama TeleMadrid. En Madrid se puede conseguir cinco cadenas internacionales por satélite, incluso una dedicada exclusivamente a los deportes.

La introducción del video es mucho más reciente. Empezó hace unos diez años y ahora está muy en boga.° Sin embargo, quedan personas que se resisten a la omnipresencia de los medios audiovisuales.°

in vogue

medios... electronic media

VOCABULARIO BASICO
La televisión

SUSTANTIVOS

el aparato de video, el video, la videocasetera	*videocassette recorder (VCR)*
el asunto	*matter*
la cadena	*television network, chain*
el canal	*channel*
la imagen	*image*
los medios audiovisuales	*electronic (audiovisual) media*
el noticiario, el telediario	*news program*
la película	*movie*
la programación	*programming*
la telenovela	*television serial, soap opera*
el/la televidente	*TV viewer*
el televisor	*television set*
la transmisión, la difusión	*broadcast*

VERBOS

grabar	*to record on (audio, video) tape*
meterse en (algo)	*to be involved in (something)*
poner/apagar el televisor/la televisión	*to turn on/turn off the TV set/TV*
transmitir, emitir	*to broadcast*

ADJETIVOS

casero/a	*homey, informal, at home*
útil	*useful*

EXPRESIONES

Allá Uds. (tú, Ud., él, ella, ellos)	*That's your (his, her, their) department. (That's not my concern.)*
delante de tus (mis, sus, nuestras) narices	*right in front of your (my, his/her, your, our) nose*

estar harto/a de	*to be fed up with*
estar pendiente de	*to be hanging on eagerly*
no tener más remedio	*to have no alternative*
¿Qué es de tu vida?	*What's new with you? ("What's happening?")*

PRACTICA DEL VOCABULARIO BASICO

A. Oraciones. *Escoja la letra de la(s) palabra(s) que complete(n) mejor cada oración.*

_____ 1. La cadena nacional se dedica a _____ programas culturales.
a. transmitir   b. grabar

_____ 2. La _____ en MTV Internacional se concentra en videos musicales.
a. película   b. programación

_____ 3. Frecuentemente hay varios _____ en una casa típica de clase media.
a. canales   b. medios audiovisuales

_____ 4. Para algunos, el _____ es difícil de programar.
a. aparato de video   b. televisor

_____ 5. Cuando hay una guerra, aumenta la audiencia que necesita mirar _____ cada noche.
a. las telenovelas   b. los telediarios

_____ 6. Univisión y Telemundo son _____ que emiten programas en español.
a. cadenas   b. televisores

_____ 7. En los videos musicales, la música va acompañada por _____ .
a. la transmisión   b. la imagen

_____ 8. Para _____ un programa de televisión, hace falta un aparato de video.
a. grabar   b. meterse en

_____ 9. Los televidentes que siguen las telenovelas _____ lo que ocurre en cada episodio.
a. no tienen más remedio que   b. están pendientes de

_____ 10. Los que quieren grabar programas _____ comprar un video.
a. están hartos de   b. no tienen más remedio que

B. Definiciones. *Empareje las columnas.*

_____ 1. el aparato de video
_____ 2. el asunto
_____ 3. la cadena
_____ 4. la película
_____ 5. la programación
_____ 6. la telenovela
_____ 7. emitir
_____ 8. el televidente
_____ 9. la transmisión
_____ 10. el televisor
_____ 11. el canal
_____ 12. ¿Qué es de tu vida?
_____ 13. meterse en algo
_____ 14. Allá Uds.
_____ 15. grabar

a. red de estaciones
b. la emisión
c. lo que se ve en el cine
ch. Es asunto suyo.
d. máquina que graba
   programas
e. ¿Cómo estás?
f. fijar en cinta
g. horario de programas
h. el tópico
i. drama en episodios
j. aparato de televisión
k. persona que mira la televisión
l. una estación que transmite
   programas
ll. transmitir
m. participar

C. Antónimos. *Empareje las columnas con la letra de la(s) palabra(s) que significa(n) lo opuesto.*

_____ 1. útil
_____ 2. estar pendiente de
_____ 3. ¿Qué es de tu vida?
_____ 4. Allá Uds.
_____ 5. estar harto/a de
_____ 6. meterse en algo
_____ 7. no tener más remedio
_____ 8. casero/a
_____ 9. poner la televisión
_____ 10. delante de tus narices

a. muy lejos
b. formal
c. no importarle nada
ch. Adiós.
d. Esto me interesa mucho.
e. inútil
f. dejar algo
g. tener otras posibilidades
h. estar deseoso/a de
i. apagar la televisión

CH. Oraciones condensadas. *Añada las palabras necesarias para completar las oraciones al incluir una palabra de la siguiente lista, en forma correcta, en cada oración.*

Ejemplo: Julio Iglesias / querer / _____ / disco / nuevo.
               *Julio Iglesias quiere **grabar** un disco nuevo.*

delante de sus narices
la película
el canal
el noticiario
el televisor
estar harto/a de
la telenovela
la transmisión

el/la televidente
los medios audiovisuales
casero/a
útil
poner el televisor
la imagen
el asunto

1. Muchos padres / _____ / programas / violentos / televisión.

   _____

2. El sonido /_____ / unirse / videos musicales.

   _____

3. El siglo veinte / difícil / escapar / _____ / omnipresentes.

   _____

4. Juan / recibir / noticias / periódico / _____ /.

   _____

5. Esta / _____ / nueva / salir / Hollywood.

   _____

6. _____ / típico / ver / cinco horas / televisión / día.

   _____

7. María / invitar / Juan / cena / _____ / .

   _____

8. El teleadicto / no / apagar / casi / nunca / _____ /.

   _____

9. El video / ser / _____ / grabar / programas.

   _____

10. Javier / usar / telemando *(remote control)* / cambiar / _____ /.

    _____

11. Elena / no / encontrar / bolsa / estar / _____ /.

    _____

12. Magdalena / _____ / ver / noticiario / favorito.

    _____

13. Las estrellas / _____ / corriente / tener / popularidad / enorme.

_____

14. _____ / importante / gobierno / explicar / programa de televisión.

_____

15. _____ / programas / no / gratis / todo / canal.

_____

CONVERSACIÓN CREADORA
Cena casera con televisión

....

Personajes

JULIA, 45 años, madre de Ricardo
ANDRÉS, 40 años, padre de Ricardo
RICARDO, 22 años
DIEGO, 25 años, amigo de Ricardo

Escenario

Una casa en Guadalupe, barrio Pilar (más o menos a veinte minutos de San José), Costa Rica.

    Cocina y cuarto de estar° separados por un mostrador con bancos (taburetes).° En el cuarto de estar están Diego y Ricardo frente a la televisión. En la cocina, Julia acaba de freír° unas empanadillas° y las trae al cuarto de estar sobre una bandeja.°

cuarto... den
stools
fry
meat pastries / tray

....

JULIA:	*(A Ricardo)* Ve a la nevera° por unas cervezas, hijo. *(A Diego)* Supongo que quieres cerveza, Diego; siempre te ha gustado.	refrigerator

Ricardo va a buscar las cervezas a la nevera.

DIEGO:	Lo que más me gusta es la buena memoria que tiene Ud., doña Julia.

JULIA: Para lo que me importa, nada más. Tenía muchas ganas de volver a verte. ¡Con lo que han jugado en esta casa! ¿Y ahora qué tal te va?

DIEGO: Bien, estoy metido en asuntos de cine.

RICARDO: Silencio, por favor, que va a empezar la película. ¿Dónde está el abridor,° mamá?   bottle opener

JULIA: Lo tienes ahí, delante de tus narices. Pero déjame hablar con Diego un poco, que nunca lo veo. Estoy harta de la televisión. Todo el día tenemos que estar pendientes de esa «caja tonta°», no hay conversación posible.   "boob tube"

RICARDO: Pero esta noche ponen una película que a ti te gusta, es de Katharine Hepburn.

DIEGO: Si tu madre no tiene ganas de verla ahora, se la podemos grabar. ¿No tienen video?

RICARDO: En esta casa no nombres el video. Mamá se resiste a comprarlo.

DIEGO: ¿Por qué? Es muy útil.

JULIA: No lo dudo. Pero es que si metemos el video en casa, ya se acabó la conversación para siempre. Y la posibilidad de leer un libro, y todo. Estamos en una época en que nos invade la imagen. Es demasiado.

RICARDO: Bueno, no empecemos con la discusión de siempre. Anda,° mamá, siéntate, no te pongas a limpiar la cocina, que luego te ayudamos nosotros.   Come on

Llega de la calle Andrés.

ANDRÉS: Hombre, si aquí está Diego. ¡Qué alegría verte! ¿Qué es de tu vida?

JULIA: ¿Has cenado?

ANDRÉS: No, pero he estado tomando unos tragos° con un compañero de la oficina. No tengo hambre. (*Mirando el reloj*) Son las diez menos cuarto. Llego a tiempo para ver el Informe Semanal;° me interesa mucho el debate del Congreso.   drinks   **Informe...** Weekly News Report

RICARDO: Papá, por favor, eso lo dan en otra cadena. Nosotros queremos ver la película de Katharine Hepburn. La política es un aburrimiento.

DIEGO: (*A Julia*) No van a tener ustedes más remedio que comprar otro televisor y un video.

JULIA: Yo no quiero discusiones. Allá ustedes. Me voy a mi cuarto a leer una novela que tengo empezada.

Comprension

A. ¿Qué pasó? *Conteste cada pregunta con una oración.*

1. ¿Dónde tiene lugar esta conversación? _____

_____

2. ¿Qué piensa Julia de la televisión? _____

_____

3. ¿A qué hora llega Andrés? _____

_____

4. ¿Qué problema tienen Ricardo y Andrés esta noche? _____

_____

5. ¿Qué hace Julia en vez de ver la televisión? _____

_____

B. ¿Qué conclusiones saca Ud.? *Indique la letra que corresponde a la mejor respuesta.*

1. ¿Cómo se siente Julia hacia Diego, y por qué?
   a. Lo quiere mucho, porque es su hijo.
   b. Lo quiere mucho, porque lo ha conocido por muchos años.
   c. Lo quiere mucho, porque es su marido.
   ch. No lo quiere mucho, porque está metido en asuntos de cine.

2. ¿Por qué supone Julia que Diego querrá una cerveza?
   a. porque se acuerda de que a Diego le gusta la cerveza
   b. porque sabe que a Diego no le gusta la cerveza
   c. porque se acuerda de que a Diego no le gusta la cerveza
   ch. porque las cervezas están en la nevera

3. ¿Por qué supone Ricardo que a Julia le va a gustar la televisión esta noche?
   a. porque no quiere más conversación
   b. porque todavía no ha llegado Andrés
   c. porque no tienen video
   ch. porque ponen una película de Katharine Hepburn

4. Cuando llega Andrés, ¿por qué no quiere cenar?
   a. porque quiere hablar con Diego
   b. porque no tiene hambre
   c. porque no le gustan las empanadillas
   ch. porque le interesa mucho el debate del Congreso

5. ¿Por qué no quiere ver Ricardo el Informe Semanal?
   a. porque tiene una novela empezada
   b. porque quiere ver la película de Katharine Hepburn
   c. porque cree que la política es un aburrimiento
   ch. *b y c*

Conclusion

*Después de dividirse en grupos, inventen una conclusión a la **Conversación creadora** Cena casera con televisión, siguiendo las instrucciones de su profesor/a. Consulten el **Vocabulario útil** al final del capítulo para ayuda con el vocabulario de la televisión, el video y la literatura.*

Instrucciones

_____

_____

Personajes

Julia _____

Andrés _____

Ricardo _____

Diego _____

_____

_____

Ideas para su conclusión

_____

_____

_____

_____

_____

Escenas

*En parejas, hablen en español para solucionar y luego describir cada conflicto. El **Vocabulario útil** al final del capítulo les ayudará con estas escenas.*

1. **A** Eight years ago you bought a television set from a department store. Lately it hasn't been working very well, and you want to get it fixed. You take the set to a small shop near your home for repairs. You

want to get the set back quickly, so that you can keep up with your favorite evening soap opera. You also want to spend as little as possible to fix it.

B You are the owner of a small TV sales and repair shop. You can repair this customer's TV, but the part it needs must be special-ordered and will cost more than the set is worth now. You think that fixing it would be a waste of money. Try to convince this customer that it would be wiser to buy a new TV set, preferably from you.

2. **A** You enjoy watching a show from beginning to end, and have been watching a situation comedy for the past ten minutes. Your enjoyment is severely threatened by the fact that your partner keeps using the remote control to see what else is on TV. Try to convince him or her to wait until this show ends before switching channels.

B When there is nothing great on TV, you enjoy keeping up with several shows at once by using the remote control. The show that is on this channel is only mildly interesting, so you think that you and your partner should see what else is being offered. Try to convince him or her that it is important to sample the other shows, so that you don't miss a better one.

3. **A** You are the director of programming for an international television network that reaches audiences in the United States, Bolivia, Chile, Panama, Paraguay, Uruguay, and Costa Rica. You are selecting American shows to buy for the new season, and you can choose one more show. You think that you will choose a police drama, because it will appeal to young, affluent audiences. Also, your spouse enjoys these shows very much.

B You are a producer of rock videos, and you would like to expand into the growing Hispanic-American market. You must convince this network programming director of what you know is true: that music videos will reach the audience he or she wants, and that young people will watch them regularly. Offer to introduce the programming director to some of the stars of your videos, to help convince him or her to buy the package.

4. **A** You are one of the parents of a six-year-old child who delights in watching videos and, although you think she watches too many, you allow it. However, your daughter has just asked her other parent to put on a video, and he or she has refused. Try to convince your spouse to allow the girl to watch her video, so that you can do some work that is due the next day. Offer to take the child to rent some new videos to watch while you finish your work.

B Your six-year-old, who is bored at the moment, has just asked you if she could watch a video. You said no. You think that she should read more books. Try to convince your spouse that he or she should read to your daughter, so that you can finish some work you brought home with you. Offer to take the child to a bookstore in a few hours, while your spouse finishes his or her work.

Más actividades creadoras

*El **Vocabulario útil** al final del capítulo le ayudará con estas actividades.*

A. Dibujos. *Describa lo que está ocurriendo en los siguientes dibujos.*

B. Uso de mapas y documentos. *Refiérase a este teleguía* (TV listing) *de Colombia para la noche del sábado para contestar las siguientes preguntas.*

		9:30 P.M.	10:00	10:30	11:00	11:30	12:00	12:30	1:00 A.M.	1:30
T.V. NACIONAL	UNO	Amor y Odio (cont.)	Premier Caracol				Cierre			
	A	Lo que Faltaba (cont.)	Super Cine RCN				Cierre			
	TRES	Cine Colcultura			Museo del Prado	Cierre				
REGIONALES	TELECARIBE	Película (cont.)			Cierre					
	TELEANTIOQUIA	Arrieros Somos	Noche de Concierto			Cierre				
	TELEPACIFICO	Sólo Cine (cont.)		Regionales de Película					Cierre	
T.V. CABLE BOGOTA	DEPORTES 44	Fútbol Brasilero (cont.)	Especial: Amolo Centel Open			Automovilismo Fórmula 1: Grand Prix de Australia				
	INTERNACIONAL 48	Movie (cont.)			Movie				Videos Musicales	
	TNT 52	How the West Was Won (cont.)	Película: Clarence el León Bizco				Kisses		Película: La Madre Tierra	
	NOTICIAS 56	CNN Prime News (cont.)	Showbiz This Week	Reliable Sources	Noticiero TV. Hoy	CNN World News	World News		Headline News	
	HBO OLE 60	Película: Blackout (cont.)			Película: See You in the Morning				Película: Contra el Viento	
	FAMILIAR 62	Película: Ya Nada Me Importa (cont.)			Película: Un Romance Intelectual				Una Ventana Hacia el Futuro	
PARABOLICA	DIS-E	Raisins	Movie ★★★: Beneath the Planet of the Apes James Franciscus			Discover Magazine	Paul McCartney: Get Back			Movie ★★★: The Rocketeer
	SHOW-E	Movie ★★★★: The Silence of the Lambs Jodie Foster, Anthony Hopkins (cont.)			Boxing: Nelson vs. Rueles				Joan Rivers: Abroad in London	
	TMC-E	Movie: (cont.) Repossessed	Movie ★★★: Once Around Richard Dreyfuss, Holly Hunter				Movie ★★: Guns Dona Speir, Erik Estrada			
	CINEMAX	Movie ★★: Spellcaster Richard Blade, Gail O'Grady (cont.)		Movie ★★: Point Break Patrick Swayze, Keanu Reeves				Movie ★★: Do or Die Pat Morita, Dona Speir		
	GALA	Película (cont.)	Película				Película			
	HBO-E	Movie ★★★: Curly Sue James Belushi, Alisan Porter (cont.)			Dream On	Larry Sanders	Movie ★★: Strictly Business Tommy Davidson			Movie ★★: Body Chemistry
	DISC	Challenge (cont.)	Frontiers of Flight		Justice Files		Challenge		Frontiers of Flight	
	TV ESPAÑOLA	Tercera Planta (cont.)			Viéndonos	Informe Semanal	Espacio 17	Cierre		

1. ¿Cuántos canales aparecen en total en este teleguía?

2. Señale dos deportes televisados.

3. Comente un programa (no una película) que evidentemente procede de los Estados Unidos.

C. Respuestas individuales. *Piense en las siguientes preguntas para contestarlas en la forma indicada por su profesor/a.*

1. ¿Cuáles son sus programas favoritos de televisión que ponen ahora, y por qué le gustan? ¿Cuáles son sus programas favoritos del pasado, y por qué le gustaban o le siguen gustando?

2. ¿Cuál es su novela favorita? ¿De qué se trata?

CH. Contestaciones en parejas. *Formen parejas para completar las siguientes actividades.*

1. Un miembro de la pareja debe asumir el papel de una persona famosa, y su compañero/a le hará una entrevista. Entonces cambien de papeles para otra entrevista. Luego, pueden ofrecer resúmenes de sus entrevistas a la clase.

2. Aquí tienen «Los veinte shows de mayor éxito» de Cristina Saralegui, la llamada «Oprah Winfrey hispana» en la cadena Univisión. Ordenen la lista, empezando con el programa que Uds. piensan fue el más popular (1), y terminando con el menos popular del grupo (20).

____ Maquillaje para mujeres de más de 50 años

____ El mundo de los ciegos

____ Como ganarse *(to win over)* a los suegros *(in-laws)*

____ Somos novios

____ Reunión familiar

____ Yoguis *(Yogis)* y faquires *(Muslim mystics)*

____ Los vampiros

____ La pobre vida de los sacerdotes *(priests)*

____ Periodistas en la guerra

____ La vida de los paparazzi

____ El contenido de los bolsos de las mujeres

____ Los jóvenes y el sexo

____ Los numerólogos

____ Raúl Velasco (estrella de un programa de televisión)

____ El Puma (un cantante venezolano)

____ Don Francisco (estrella de *Sábado Gigante*, un programa popular)

____ El perdón

____ Cuando las esposas ganan

____ Cuando las amantes ganan

____ Incesto

D. Proyectos para grupos. *Formen grupos de cuatro o cinco personas para completar estos proyectos.*

1. Planeen y presenten un noticiario semanal. Si quieren, pueden usar dibujos, fotos sacadas de revistas o diapositivas *(slides, transparencies)* para ilustrar las noticias.

2. Planeen y presenten un anuncio para un producto nuevo. El anuncio se dirigirá a hispanos en los Estados Unidos.

E. Discusiones generales. *La clase entera participará en estas actividades.*

1. ¿Cuáles son algunas conclusiones que se pueden sacar de esta encuesta *(survey)* española?

   Horas diarias empleadas en ver la televisión[1]

Horas diarias	% Hombres	% Mujeres
Menos de 1	20	14
1-2 horas	37	29
2-3 horas	23	27
3-4 horas	9	13
Más de 4	7	12
No ve nunca	4	5

2. Lleven a cabo una encuesta entre los miembros de la clase sobre cuánto miran la televisión cada día, usando la encuesta española como modelo. ¿Hay semejanzas entre las costumbres de Uds. y las de los televidentes españoles?

VOCABULARIO UTIL

La programación y el video

S U S T A N T I V O S

el/la abonado/a	*subscriber*
el actor/la actriz	*actor/actress*
el alquiler de videos	*video rental*
el anuncio	*commercial*
la audiencia	*audience*

---

[1] *Cambio 16*

el botón	*knob* (to control TV set)
el concurso	*game show or contest*
el conjunto	*group; package deal*
el dibujo animado	*cartoon*
el documental	*documentary*
el drama policíaco	*police drama* (crime drama)
la emisora de televisión	*TV tower or station*
la entrevista	*interview*
el episodio	*episode*
el equipo de grabación	*TV crew*
el espectáculo, el show *(H. A.)*	*variety or other show*
la estrella de cine/de televisión	*movie/TV star*
el fabricante	*manufacturer*
el guión	*screenplay, script*
la marca	*brand*
la noticia, las noticias	*news item, news*
el pago por vista	*pay per view*
la pantalla	*screen*
el papel, el rol *(H. A.)*	*role*
el/la presentador/a	*TV announcer*
el/la productor/a	*producer*
la programación territorial	*local programming*
la publicidad	*advertising*
la red	*network*
la redifusión	*repeat broadcast*
el teleguía	*TV listing*
el telemando	*remote control*
la televisión cable *(H. A.)*, **la televisión por cable** *(Sp.)*	*cable television*
la televisión estatal	*national television*
la televisión regional *(H. A.),* **televisión autónoma** *(Sp.)*	*local television* (of states or regions of countries in Hispanic America and of the autonomous provinces in Spain)
la transmisión directa/en vivo	*live broadcast*
la transmisión en diferido	*previously recorded broadcast*
el satélite	*satellite*
el video	*video, videotape or VCR*
el video musical	*music video*
la videoteca	*videocassette library*

VERBOS

actuar, interpretar, hacer un papel	*to act* (a role)
cambiar de canal(es)	*to switch the channel* (channels)
doblar	*to dub*
encargar	*to order* (merchandise or services)

filmar, rodar *(Sp.)*	*to shoot a film*
funcionar	*to work properly*
reparar	*to repair*
sacar al mercado	*to release* (into the marketplace)
salir al aire	*to air*

ADJETIVOS

exitoso/a	*successful*

EXPRESIONES

la caja tonta	*"boob tube"*
el/la teleadicto/a	*TV addict* (slang)

VOCABULARIO INDIVIDUAL

_____   _____

_____   _____

_____   _____

_____   _____

_____   _____

La literatura

SUSTANTIVOS

el argumento, la trama, la intriga	*plot*
el cuento	*short story*
la culminación, el clímax	*climax*
el desenlace	*resolution, denouement*
el drama	*play*
el/la dramaturgo/a	*playwright*
la época	*era*
el escenario, el marco escénico	*setting*
el/la personaje	*character*
el tema	*theme*

VERBOS

tratarse de	*to be about*

ADJETIVOS

emocionante	*exciting*
sorprendente	*surprising*

EXPRESIONES

la «novela negra»	*detective (crime) novel*
la «novela rosa»	*romance novel*

V O C A B U L A R I O   I N D I V I D U A L

_____   _____

_____   _____

_____   _____

_____   _____

_____   _____

5
La burocracia universitaria

Objetivos: *Aprender a...*

▲ *resolver un asunto burocrático.*
▲ *participar en la vida universitaria, siendo extranjero.*

NOTAS CULTURALES

Hispanoamérica

Estudiantes en la Universidad de los Andes, Bogotá, Colombia

En las universidades latinoamericanas, hay énfasis en la preparación profesional. Esto quiere decir que la especialización comienza cuando el/la estudiante entra en la universidad. En cada especialización casi todas las asignaturas° son obligatorias y si el estudiante no aprueba° un curso° no puede pasar al próximo año hasta que lo pase satisfactoriamente.

courses
no... doesn't pass / course of study

La superpoblación° de las universidades latinoamericanas tiene sus raíces° en que la mayoría son estatales. Esto significa que el gobierno las administra y que la matrícula° es gratuita. Hoy en día hay también muchas universidades privadas que cobran un precio alto de matrícula, que por ser caras limitan el número de estudiantes. También ahora se han abierto pequeños institutos superiores privados donde los estudiantes pueden recibir una educación en campos muy específicos, como informática,° hostelería° y turismo. En todos estos casos, los estudiantes que asisten a ellas, si vienen de muy lejos, tienen que alojarse con parientes° o alquilar una habitación en una pensión,° porque prácticamente no existen residencias estudiantiles.

overcrowding
roots
tuition

computer science / hotel management
relatives
boarding house

A pesar de los problemas burocráticos y de que los fondos° no dan abasto para° pagar más profesores, instalar laboratorios y comprar suficientes equipos científicos, el aumento de estudiantes es una realidad. Tal es el caso con la Universidad

funds
no... cannot cope with *or* manage

Autónoma de México (UNAM), en el Distrito Federal, y la Universidad de Buenos Aires, Argentina. Ambas universidades cuentan con alrededor de 250.000 estudiantes.

En los últimos años se han instituido programas de estudios para extranjeros en algunas universidades latinoamericanas. Programas como los que existen en Costa Rica, Ecuador y México son populares con los universitarios norteamericanos, que van por un verano, un semestre o incluso un año completo.

España

Una clase en Madrid

La mayoría de las universidades españolas están superpobladas desde que existen mayores oportunidades para el acceso a los estudios universitarios. Como consecuencia de este gran aumento de estudiantes, que se ha producido en pocos años, la burocracia administrativa no siempre da abasto para atender a los nuevos problemas que continuamente se plantean, y existe cierta desorganización.

Se han generalizado en los últimos años los cursos de verano dedicados a extranjeros, y es cada vez mayor la asistencia de universitarios norteamericanos a estos cursos. No abundan las residencias estudiantiles. La mayor parte de estos jóvenes extranjeros se alojan en pensiones o en casas particulares° donde alquilan una habitación.

casas... private homes

En España, como en Hispanoamérica, la especialización se decide antes de entrar en la universidad, aunque, naturalmente, se puede cambiar luego de carrera.° Por eso la carrera de

career; major

medicina, por ejemplo, dura seis años. Otras carreras que duran
de cinco a siete años son las de ingeniero superior y arquitecto.
En cambio, algunos títulos° universitarios se pueden conseguir   degrees
después de tres años, como el de maestro/a de educación
primaria, enfermera o ingeniero técnico. Las preguntas que se
hacen normalmente los estudiantes españoles unos a otros son:
«¿Qué estudias?» o «¿En qué facultad° estás?»   school within a university

VOCABULARIO BASICO
La universidad

SUSTANTIVOS

la asignatura	*course*
la beca	*scholarship* (financial award)
la carrera	*career; university major*
la conferencia	*lecture*
el curso	*program, course of study*
el/la estudiante de primero	*first-year undergraduate student*
(segundo, tercero, cuarto, quinto, sexto)	*(2nd-, 3rd-, 4th- [sophomore, junior, senior]; 5th-, 6th-year)*
la facultad	*school within a university*
el intercambio	*exchange*
la matrícula	*tuition*
el Metro[1]	*subway*
la mochila	*backpack*
la pensión	*boarding house*
el profesorado	*faculty*
la secretaría	*secretary's office*

VERBOS

aprobar (ue)	*to pass, to get a passing grade*
arreglarse	*to arrange, to fix up*
enterarse de	*to find out about*
reprobar (ue) *(H. A.),* **suspender** *(Sp.)*	*to fail, to get a failing grade*
tener aspecto	*to look, to appear*

ADJETIVOS

antipático/a	*unpleasant, unkind*
deprimido/a	*depressed*

---

[1]abreviatura de **Metropolitano**

E X P R E S I O N E S

Anda (tú). (Ande [Ud.]).	*Come on. Go on.*
por libre	*on one's own*
menos mal	*at least, it's a good thing . . .*
No te apures. (No se apure, no se apuren.)	*Don't rush. Don't worry.*

Practica del Vocabulario basico

A. Párrafo con espacios. *Llene cada espacio en blanco con la forma correcta de la palabra más apropiada de la siguiente lista.*

estudiante de tercero	**No te apures**
la facultad	**reprobar**
aprobar	**el intercambio**
Anda	**la asignatura**
arreglarse	**enterarse de**

Elena Rodríguez es una _____ en

_____ de Artes y Letras en la Universidad de los

Andes en Bogotá. Ella va a participar en _____

que existe entre su universidad y la Universidad de Miami. Elena está

nerviosa porque acaba de _____ que tiene que

tomar cuatro _____ en inglés cuando vaya a

Miami.

—No sé si podré _____ —confiesa Elena a su

mejor amiga, Marisol.

—_____ , claro que podrás —contesta la

amiga. —Tú no eres capaz de _____ en nada.

Además, sabes muy bien el inglés.

—Bueno, sé algo —responde Elena. —Pero se me ha olvidado mucho.

—_____ . Cuando te vayas a Miami, todo va

a _____ —le asegura Marisol. —Y no te olvides

que allá más del cincuenta por ciento de los habitantes también hablan

español.

B. Definiciones. *Empareje las columnas.*

_____ 1. la beca
_____ 2. la matrícula
_____ 3. el intercambio
_____ 4. la mochila
_____ 5. tener aspecto
_____ 6. la pensión
_____ 7. deprimido/a
_____ 8. la secretaría
_____ 9. el profesorado
_____ 10. el estudiante de segundo
_____ 11. la conferencia
_____ 12. la facultad
_____ 13. por libre
_____ 14. el curso
_____ 15. antipático/a

a. triste
b. independientemente
c. parecer
ch. una clase universitaria
d. programa de estudios
e. los que enseñan en una universidad
f. una división universitaria
g. «sophomore», en inglés
h. ayuda económica para pagar los estudios
i. lo que cuesta la educación
j. usado por estudiantes para llevar sus libros
k. reciprocidad escolástica entre instituciones
l. causa antipatía
ll. alojamiento a precio módico
m. una oficina con secretaria

C. Sinónimos o antónimos. *Para cada par de palabras, indique si el significado es igual (=) o lo opuesto (≠).*

1. el Metro   _____   el tren subterráneo
2. la secretaría   _____   la oficina de la secretaria
3. el profesorado   _____   los estudiantes
4. la conferencia   _____   la clase
5. antipático   _____   simpático
6. deprimido   _____   alegre
7. la carrera   _____   la formación profesional
8. enterarse de   _____   descubrir
9. arreglarse   _____   ordenarse
10. menos mal   _____   ¡Qué lástima!

CH. Crucigrama. *Utilice las siguientes definiciones para completar el crucigrama.*

Palabras horizontales

3. dinero para la matrícula que se da por excelencia académica
4. la profesión de uno/a
7. lo que cobra la universidad
8. programa de estudios
9. es algo bueno; _____ mal
10. salir bien
14. parecer es

Palabras verticales

1. No te preocupes. No _____.
2. por su propia cuenta
5. Deja de hacer esto.
6. salir mal
10. «course», en inglés
11. aquí se alquilan habitaciones
12. tranvía subterráneo
13. se lleva a la espalda

▲▲▲ CONVERSACION CREADORA ▶▼ ▼◀

Intercambio universitario

Personajes

SUSANA, estudiante mexicana
PILAR, estudiante mexicana
TOM, estudiante norteamericano

Escenario

Un café de la Facultad de Filosofía y Letras de la Universidad Nacional Autónoma de México (UNAM). Es mediodía, en época de exámenes, y el café está muy lleno.

En una mesa Susana y Pilar repasan unos apuntes,° mien-   notes
tras toman dos cafés y unos pastelitos.

Entra Tom, con una mochila a la espalda. Tiene aspecto cansado y mira alrededor sin saber adónde dirigirse. Al fin se acerca a ellas.

     TOM: Perdón, ¿les importa que deje aquí la mochila un momento?

 SUSANA: No, esa silla está libre.

Tom se quita la mochila y se limpia el sudor.° Se queda de pie,   perspiration
mirando un folleto.

   PILAR: Siéntate, si quieres.

     TOM: Gracias. ¿Me pueden informar de los cursos de verano para extranjeros?

   PILAR: Esos cursos no empiezan hasta el mes que viene.

TOM: Ya lo sé, lo que estoy buscando es la secretaría.

SUSANA: Me parece que está en el piso de arriba, ¿no, Pilar?

PILAR: No estoy segura, pero voy a preguntar. ¿Quieres que te traiga un café?

TOM: Oh, sí, estupendo.

Se va Pilar hacia el mostrador.

SUSANA: Hablas bastante bien. ¿De dónde eres?

TOM: De Delaware. Me enteré de esos cursos por este folleto.

SUSANA: Déjamelo ver. (*Lo mira.*) ¿Tienes beca o te vas a matricular por libre?

TOM: Por libre. No sé si tendré tiempo.

SUSANA: Yo creo que sí. Falta un mes.

Llega Pilar con un café y unos pasteles de carne.

PILAR: La secretaría está arriba, al fondo° del pasillo.° Cierran a la una. Tómate el café tranquilamente. Y te he traído un pastel también, ¿te gusta?   **al...** at the back (end) / hallway

TOM: Me encanta. Menos mal que las he encontrado. Estaba muy deprimido. Y además me he perdido en el Metro al venir.

PILAR: Bueno, no te apures, que se arreglará todo.

SUSANA: Aquí dice que tienes que presentar un certificado de tus estudios anteriores.

TOM: Creo que me lo he dejado en la pensión. Es que está todo muy mal explicado.

PILAR: Tómate el café en paz, anda. Lo malo es que me han dicho que la secretaria es bastante antipática. Pero, nada, tú hazte el interesante.

TOM: ¿Hacerme el interesante?

SUSANA: Sí, que le sonrías muy amable.

TOM: Voy a apuntar eso, nunca lo había oído.

SUSANA: Bueno, es que con Pilar puedes aprender más español que en todos los cursos de verano juntos. Es poetisa, ¿sabes?

PILAR: Aficionada a° la poesía, pero en fin°...   Fond of (A fan of) / **en...** anyway

TOM: Yo me llamo Tom Tyler. Me gustaría volver a verlas. Pero tengo que irme arriba.

PILAR: Sí, no vayan a cerrar la ventanilla. Venga, yo te acompaño. A ver qué humor tiene la secretaria.

TOM: No te querría molestar.

PILAR: No, hombre, si lo hago encantada.

SUSANA: ¿Ves cómo no funcionan tan mal las cosas en México? Bueno, la burocracia sí...

TOM: Pero la gente no. Ni los pasteles tampoco.

Se ríen. Se levantan Tom y Pilar.

> PILAR: Deja ahí la mochila.
>
> SUSANA: No tarden mucho, ¿eh?, que tengo que irme dentro de un rato.

COMPRENSION

A. ¿Qué pasó? *Llene cada espacio en blanco con la información necesaria.*

1. Antes de la llegada de Tom, Susana y Pilar están haciendo dos cosas:

   _____ y _____ .

2. Tom necesita información sobre _____ .

3. Pilar le trae a Tom _____ .

4. _____ le acompaña a Tom a la secretaría.

5. Tom deja _____ con Susana.

B. ¿Qué conclusiones saca Ud.? *Indique la letra que corresponde a la mejor respuesta.*

1. ¿Por qué tiene Tom aspecto cansado al llegar?
   - a. porque hace calor y no sabe adónde dirigirse en este momento
   - b. porque es antipático
   - c. porque los cursos de verano para extranjeros no empiezan hasta el mes que viene
   - ch. porque acaba de conocer a Susana y Pilar

2. ¿Cómo se siente Tom cuando entra en el café?
   - a. Se siente muy importante.
   - b. Siente alguna inseguridad.
   - c. Está cómodo y relajado.
   - ch. Está contento.

3. ¿Cómo reaccionan Susana y Pilar cuando se dan cuenta de la situación de Tom?
   - a. Quieren ayudarlo inmediatamente.
   - b. No les interesa su problema.
   - c. No saben si lo quieren ayudar o no.
   - ch. Piensan que su problema no se puede resolver.

4. ¿Qué piensa Tom de Susana y Pilar?
   a. Piensa que son muy antipáticas.
   b. Piensa que están muy deprimidas.
   c. Piensa que son muy simpáticas.
   ch. Piensa que no les gustan los extranjeros.

5. Al final, ¿por qué necesitan saber Pilar y Tom que Susana tiene que irse dentro de un rato?
   a. porque Tom quiere estudiar con Susana
   b. porque Pilar quiere estudiar con Susana
   c. porque Tom y Pilar quieren tomar más café con Susana
   ch. porque Tom piensa dejar su mochila con Susana

Conclusion

*Después de dividirse en grupos, inventen una conclusión a la **Conversación creadora** Intercambio universitario, siguiendo las instrucciones de su profesor/a. Consulten el **Vocabulario útil** al final del capítulo para ayuda con el vocabulario de la vida universitaria y algunos campos de estudio.*

Instrucciones

_____

_____

Personajes

Susana _____

Pilar _____

Tom _____

Secretaria _____

_____

_____

Ideas para su conclusión

_____

_____

_____

_____

_____

Escenas

En parejas, hablen en español *para solucionar y luego describir cada conflicto. El* **Vocabulario útil** *al final del capítulo les ayudará con estas escenas.*

1. **A** You are a second-year medical student **(un/a estudiante de segundo de medicina)** and you are having doubts about your choice of career. You dream of being a writer. Even though it would mean losing two years of study, you want to get a degree in literature. Try to convince your mother or father that this will be a good move.

   B You are the parent of an only child. There are many successful physicians in your family, and you are pleased that your child will join them. You think that it is time to tell the child of a large trust **(una cuenta de registro)** that he or she will receive upon graduation from medical school. Try to persuade your son or daughter not to change careers.

2. **A** You are a sophomore at an American university who is looking at summer study-abroad programs in Mexico. You want to go to a program based in Mexico City and take all courses in Spanish, since you think that this will be most beneficial. However, your travel partner thinks that it will be too difficult, and you must convince him or her that this will be the most rewarding choice.

   B You are a sophomore whose Spanish ability is equal to your partner's, but you do not feel ready to take a full load of college courses in Spanish. You think that it would be more comfortable to go to Mérida, a smaller city, and to take courses taught in English. Try to convince your partner that you will learn enough outside the classroom to have a very beneficial experience, and that this will be the most enjoyable option.

3. **A** You are an American student studying at the University of Costa Rica for a semester. You need to register for your courses, but your tuition money has not yet arrived from home. You must convince the secretary in charge that the money is coming and that you should be allowed to register before the funds arrive.

   B You are a Costa Rican secretary working in the Registrar's office. You have been told not to let any students register without paying, although once in a while an exception is made. Try to convince the student to return when he or she has the required tuition.

4. **A** You have spent a semester in Quito, Ecuador, on a student exchange program, and you are preparing to go back to your own university. You have worked hard and learned a lot, and your course grades have ranged from "**Sobresaliente**" (Excellent) to "**Aprobado**" (Passing). The "**Aprobado**" could be viewed as either a "C" or a "D." However, if it is not translated as a "C" on official documents, you

will not get credit at your home university. Try to convince the secretary in charge of grades that the **"Aprobado"** should be translated as a "C."

B You have just been hired as a secretary and you are worried that you will make a mistake. You instinctively like this student, and would like to practice your English with him or her. However, you have no idea what he or she is talking about in terms of grade equivalencies. Try to convince the student that his or her university will understand the grading system used in Ecuador.

Más actividades creadoras

*El **Vocabulario útil** al final del capítulo le ayudará con estas actividades.*

A. Dibujos. *Describa lo que está ocurriendo en los siguientes dibujos.*

B. Uso de mapas y documentos. *Refiérase a esta sección del plano del Metro de Madrid para contestar las siguientes preguntas.*

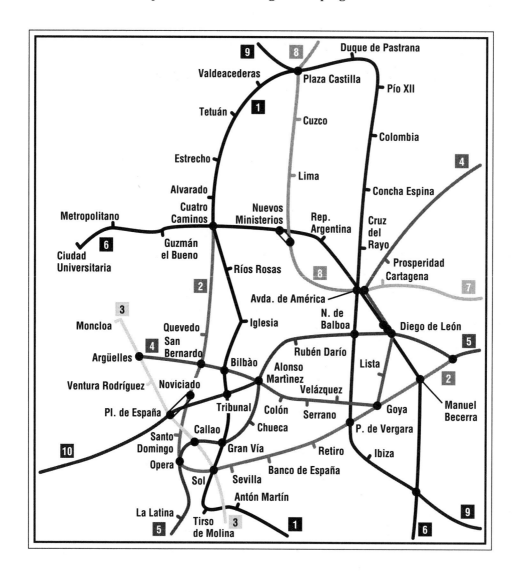

1. ¿Cuál es la próxima parada del Metro más cerca a la Ciudad Universitaria?

2. ¿Cuántas paradas hay entre la Plaza Castilla y la Ciudad Universitaria?

3. ¿Dónde hay que cambiar de una línea a otra para ir de La Latina a Goya?

C. Respuestas individuales. *Piense en las siguientes preguntas para contestarlas en la forma indicada por su profesor/a.*

1. ¿Por qué escogió Ud. esta universidad? ¿Cuáles son las características que más le gustan de la universidad? ¿Cuáles son las características que menos le gustan?

2. Describa su especialización, detallando sus motivos para escogerla. ¿Qué es lo que más le gusta de este campo de estudio y qué es lo que menos le gusta? (Si todavía no se ha decidido por una especialización, comente las posibilidades que está considerando.)

CH. Contestaciones en parejas. *Formen parejas para completar las siguientes actividades.*

1. Formulen cuatro listas para contestar las siguientes preguntas: ¿Cuáles son las características de un/a buen/a profesor/a, y cuáles son las características de un/a profesor/a malo/a? ¿Cuáles son las características de un/a buen/a estudiante, y cuáles son las de un/a estudiante malo/a? Cada lista debe incluir por lo menos cinco características.

2. Para Uds., ¿cuáles son los beneficios más importantes que quieren sacar de un semestre de estudio en una universidad hispana? Ordenen la siguiente lista de beneficios de 1 a 10, siendo el primer factor el más importante. Luego, comparen su ordenación con las de otras parejas.

   ____ conocer a gente nueva

   ____ probar comida nueva

   ____ visitar museos nuevos

   ____ comprender mejor otra cultura

   ____ perfeccionar el español hablado

   ____ conseguir más independencia personal

   ____ entender mejor su propia cultura

   ____ poder leer mejor en español

   ____ aprender la geografía de otro país

   ____ conocer otro sistema educativo

D. Proyectos para grupos. *Formen grupos de cuatro o cinco personas para completar estos proyectos.*

1. Inventen un curso de verano para extranjeros ofrecido por su universidad. Compongan un anuncio de 200 palabras (una página, más o menos) para atraer a estudiantes hispanos.

2. Diseñen un folleto de orientación para estudiantes hispanos que acaban de venir a su universidad para estudiar por un año.

E. Discusiones generales. *La clase entera participará en estas actividades.*

1. Siéntense en círculo para crear una narración consecutiva (de persona a persona, añadiendo espontáneamente cada estudiante un nuevo acontecimiento) que tenga como tema central las aventuras de un/a estudiante de primero recién llegado a la universidad. Luego, inventen otra narración que tenga por argumento las aventuras de un/a estudiante de cuarto. Si quieren, pueden usar fotos sacadas de revistas para ilustrar los acontecimientos.

2. ¿Dónde y en qué tipos de vivienda pueden alojarse los estudiantes de su universidad? Analicen las ventajas y las desventajas de cada una de las posibilidades.

Vocabulario util
La vida universitaria

S U S T A N T I V O S

los apuntes	(course, lecture) *notes*
la asistencia	*attendance*
la calificación, la nota	*grade*
la carrera experimental	*scientific course of study*
la carrera humanística	*liberal arts course of study*
la casa particular	*private home*
el/la catedrático/a	*senior professor*
el cursillo	*elective course*
el deber	*assignment*
el/la decano/a	*university dean*
el diplomado	*baccalaureate* (B. A.) *degree*
el doctorado	*doctoral* (Ph.D.) *degree*
la enseñanza	*teaching*
la enseñanza particular	*tutoring* (private instruction)
la licenciatura	*Master of Arts* (M. A.) *degree*
la petición de ingreso	*application for admission*
la plaza reservada	*a place in the incoming class*
el/la rector/a	*university president*
el/la regente de matrícula	*registrar*
la sala de conferencias	*lecture hall*
la tesina	*M. A.-level thesis*
la tesis	*doctoral dissertation*
el título (universitario)	*academic degree*
el/la universitario/a	*college student or graduate*

Verbos

apuntar	*to write down*
calificar	*to grade*
inscribirse	*to register*
matricularse	*to matriculate, to enroll*
sacar apuntes	*to take notes*
sacar buenas/malas notas	*to get good/bad grades*
seguir un curso	*to take a program or course of study*

Expresiones

hacer cola	*to line up (to queue)*
sacar un huevo *(H. A.)*	*to get a zero* (a "goose egg")
sufrir un examen	*to take an exam*

Vocabulario individual

_____   _____

_____   _____

_____   _____

_____   _____

_____   _____

_____   _____

Las facultades

Sustantivos

arquitectura	*architecture*
ciencias políticas y económicas	*political science and economics*
filosofía y letras	*arts and letters*
historia y arte	*history and art*
ingeniería	*engineering*
medicina	*medical school*

Las calificaciones

Adjetivos

sobresaliente	"A" (excellent)
notable	"B" (good)
aprobado	"C" to "D" (passing)
reprobado	"D" to "F" (failing)
suspenso	"F" (failing badly or suspended)

Los campos de estudio

SUSTANTIVOS

la administración de empresas	*business administration*
la antropología	*anthropology*
la biología	*biology*
la ciencia económica	*economics*
la ciencia política	*political science*
la educación primaria/secundaria	*elementary/secondary education*
la enfermería	*nursing*
la filología	*historical study of language and literature*
la filología inglesa	*English philology* (language and literature)
la filosofía	*philosophy*
la geografía	*geography*
la geología	*geology*
la historia	*history*
la hostelería	*hotel management*
los idiomas	*foreign languages*
la informática	*computer science*
la ingeniería	*engineering*
la lingüística	*linguistics*
las matemáticas	*mathematics*
la psicología	*psychology*
la química	*chemistry*
la sociología	*sociology*

VOCABULARIO INDIVIDUAL

_____   _____

_____   _____

_____   _____

_____   _____

_____   _____

Los deportes

Objetivos: *Aprender a...*

▲ *dar y recibir consejos desde varios puntos de vista.*
▲ *participar en la experiencia común del fútbol.*

NOTAS CULTURALES

Hispanoamérica

Un partido de fútbol en México

Se puede decir que los latinoamericanos son fanáticos en cuanto al fútbol.° La pasión por el fútbol comienza desde la infancia. En muchas partes hay equipos° de aficionados° que juegan para divertirse, y la mayoría de las ciudades tienen ligas° profesionales que compiten entre sí en torneos° nacionales. La ambición de cada equipo es ser seleccionado para jugar en campeonatos internacionales y de allí a la cumbre° de competencias:° el «Campeonato Mundial de Fútbol» por la codiciada° «Copa Mundial».

    El poderío° futbolístico sudamericano tiene una larga historia. En los años 20 el poder dominante del fútbol era el Uruguay, con dos títulos olímpicos. Uruguay, en los años 30, fue la sede° del primer campeonato mundial y lo ganó en el partido° final contra la Argentina en una batalla que se conoció como «La batalla del Río de la Plata». En 1958 el equipo de Brasil, con la notable actuación del joven apodado «Pelé» —quien cambió para siempre el estilo de juego con sus movimientos gimnásticos— ganó la Copa Mundial en Suecia. También Brasil ganó la Copa en Chile en 1962 y en México en 1970. El equipo argentino conquistó el título mundial dos veces, en 1978 y en 1986, bajo la dirección del talentoso Diego Maradona; ocupó el segundo puesto en el campeonato de 1990.

soccer

teams / amateur athletes *or* fans
leagues
tournaments

peak
competitions
coveted
power, strength

site, headquarters / match

La popularidad del fútbol en los países hispanos sigue creciendo, con asistencia° de miles en cualquier ciudad o pueblo donde hay un partido. Ahora los aficionados que no pueden asistir al estadio tienen la ventaja de que la tecnología de los satélites permite la transmisión directa en vivo de sus partidos favoritos.

attendance

Sin embargo, en la región del Caribe el deporte preeminente es el béisbol. Muchos de los jugadores° de Cuba, Venezuela, la República Dominicana y Puerto Rico han alcanzado gran fama internacional.

players

España

Un partido de fútbol en Sevilla

El fútbol constituye uno de los temas de conversación más habituales entre la gran mayoría de los españoles. Aunque hay también mujeres aficionadas a° este deporte y enteradas de° los detalles y resultados de cada partido, el entusiasmo por el fútbol es mucho más frecuente entre los hombres. Los días en que se televisa un partido importante, los aficionados que no han podido conseguir entrada suelen reunirse en los bares° y seguir por televisión las incidencias del partido, lo cual da lugar a comentarios diversos que a veces provocan acaloradas° disputas. También es frecuente reunirse en las casas para ver el partido.

aficionadas... who are fans of / **enteradas...** informed about

neighborhood cafés in Spain

heated

Los equipos se catalogan en primera, segunda y tercera división, con arreglo a° su categoría. Pero los equipos locales de tercera división no despiertan entre sus partidarios° menos apasionamiento que los de primera.

con... with regard to
supporters

Algunos equipos están enfrentados con° otros y provocan rivalidades ya conocidas, especialmente enconadas° en Madrid y Barcelona. En Madrid los dos equipos rivales son el Real Madrid y el Atlético de Madrid. En Barcelona también existe enfrentamiento entre el Barcelona y el Español.

enfrentados... pitted against deep-seated, festering

El entrenamiento para los futbolistas profesionales es muy duro y requiere gran exigencia.° Bien es verdad que también son muy altas las cantidades cobradas por los pocos que llegan a la cumbre de la fama. Estos se convierten en figuras nacionales e incluso a veces internacionales.

requiere... is very demanding

VOCABULARIO BASICO

Los deportes

SUSTANTIVOS

el/la aficionado/a	*fan* or *amateur athlete*
la asistencia	*attendance*
la competencia	*competition*
el dominio	*power, control* (domination)
las dotes	*talent, gift*
el/la entrenador/a	*coach, trainer*
el equipo	*team*
la ganancia	*win*
el/la jugador/a	*player*
el/la partidario/a	*supporter, follower*
el partido	*(sports) match*
la pérdida	*loss*
los tantos	*score, points*

VERBOS

marcar (un gol)	*to score (a goal)*
plantearse	*to plan, to try*

ADJETIVOS

deportivo/a	*sports-related*
destacado/a	*outstanding, prominent*
enterado/a (de)	*informed (about)*

ADVERBIOS

en serio	*seriously*

EXPRESIONES

dar alas (a alguien)	*to flatter (someone) excessively, to give (someone) a swelled head*
desde luego, no	*absolutely not*

en cambio	on the other hand
no te (le, les, nos) vendría mal	*that wouldn't be a bad idea for*
	you (him, her, them, us)
ser aficionado/a a	*to be a fan of*
ya es decir	*that's really saying something*

PRACTICA DEL VOCABULARIO BASICO

A. Oraciones. *Escoja la letra de la(s) palabra(s) que complete(n) mejor cada oración.*

1. Para un/a atleta profesional _____ puede ser la persona más importante en su carrera.
   a. el/la entrenador/a   b. el/la aficionado/a

2. _____ de todas las competencias es lo que intenta un campeón.
   a. La ganancia   b. La pérdida

3. Muchos de _____ tenis tienen sus propias estrellas favoritas del deporte.
   a. los tantos de   b. los aficionados al

4. Un _____ de béisbol sueña con jugar en la Serie Mundial.
   a. jugador   b. dominio

5. Algunas _____ se limitan a jugadores profesionales.
   a. competencias   b. ganancias

6. Les importa mucho a los equipos _____ de los espectadores en sus competencias.
   a. la asistencia   b. el dominio

7. Se dice que _____ son más importantes que el entrenamiento para crear una deportista extraordinaria.
   a. las dotes   b. las competencias

8. Para un entrenador, es difícil no _____ a un jugador excepcional.
   a. dar alas   b. marcar

9. El squash requiere mucho esfuerzo físico; _____ , el golf requiere menos.
   a. no le vendría mal   b. en cambio

10. _____ indican quién ha ganado una competencia.
    a. Los tantos   b. Los aficionados

B. Definiciones. *Empareje las columnas.*

_____ 1. destacado	a. relacionado con los deportes
_____ 2. el/la entrenador/a	b. grupo de jugadores
_____ 3. la competencia	c. el control
_____ 4. los tantos	ch. el juego entre dos equipos
_____ 5. ser aficionado a	d. la atleta
_____ 6. la ganancia	e. representan los goles
_____ 7. marcar un gol	f. ser gran entusiasta de
_____ 8. deportivo	g. informado
_____ 9. el dominio	h. el triunfo
_____ 10. el partido	i. la falta de triunfo
_____ 11. el aficionado	j. el enfrentamiento competitivo
_____ 12. el equipo	k. el jugador no profesional
_____ 13. la jugadora	l. enseña a los jugadores
_____ 14. la pérdida	ll. ganar un tanto para su equipo
_____ 15. enterado	m. prominente

C. Sinónimos o antónimos. *Para cada par de palabras, indique si el significado es igual (=) o lo opuesto (≠).*

1. ser aficionado a un deporte	_____	desconocer un deporte
2. marcar un gol	_____	ganar un tanto para su equipo
3. el equipo	_____	el conjunto de los jugadores
4. deportivo	_____	atlético
5. enterado de	_____	ignorante de
6. en serio	_____	seriamente
7. dar alas	_____	decir cosas que «se suben a la cabeza»
8. desde luego, no	_____	quizás
9. no te vendría mal	_____	sería malo para ti
10. ya es decir	_____	no indica mucho
11. plantearse	_____	tratar de hacer algo
12. la asistencia	_____	la presencia
13. el/la partidario/a	_____	el/la aficionado/a
14. el partido	_____	el juego competitivo
15. la pérdida	_____	la ganancia

CH. Eliminaciones. *Elimine la(s) palabra(s) que no se relaciona(n) con las demás.*

Ejemplo: aprobar: a. salir bien
                    b. no reprobar
                    c. ~~suspender~~

1. destacado: a. importante
              b. notable
              c. difícil

2. en serio: a. de verdad
           b. humorosamente
           c. sin humor

3. las dotes: a. la preferencia
           b. el talento
           c. el regalo

4. el dominio: a. el poder
           b. la subordinación
           c. el control

5. la partidaria: a. la interesada
           b. la aficionada
           c. la que se opone a los deportes

6. no le vendría mal: a. sería inconveniente
           b. sería bueno
           c. sería conveniente

7. ya es decir: a. es gran cosa
           b. es algo especial
           c. es normal

8. desde luego, no: a. probablemente, no
           b. absolutamente, no
           c. sin más, no

9. plantearse: a. acordarse
           b. planear
           c. intentar

10. en cambio: a. por otro lado
           b. por otra parte
           c. por libre

CONVERSACIÓN CREADORA

Una carrera amenazada°

in jeopardy, threatened

Personajes

ALFONSO, 20 años
EMILIA, 20 años, novia de Alfonso
JULIÁN, 45 años, padre de Alfonso
PEDRO, entrenador, 30 años

Escenario

Vestidor° de un campo de deportes en Barcelona. Al fondo, las cabinas de las duchas.° Alfonso está en la ducha y Pedro le habla desde fuera.

locker room, dressing room
cabinas... shower stalls

PEDRO: Lo de hoy ha sido ya la apoteosis.° Te los has comido a todos.° ¡Qué dominio! Sobre todo el último gol, el que metiste de penalty. La gente estaba entusiasmada. Yo creo que hasta tu novia, que ya es decir.

apotheosis, transformation of a person into an ideal / **Te...** You beat everyone.

Sale Alfonso, recién duchado,° con una toalla; empieza a vestirse.

showered

ALFONSO: Estoy muy contento, sí, me ha acompañado la suerte.

PEDRO: ¡Déjate de suertes, es que eres un fenómeno! Ahora sí que ya, después de lo de hoy, tienes que plantearte en serio pasar a un equipo profesional. Tienes demasiada talla° para seguir jugando partidos de aficionados. ¿Te das cuenta de que los tres goles los has marcado tú? Controlabas absolutamente la situación, no se te iba una.°

stature

no... not one got past you

Entran Emilia y Julián y abrazan a Alfonso, que ha acabado de vestirse.

PEDRO: ¿Se han dado cuenta de cómo ha estado el chico?

JULIÁN: Tengo que reconocer que estoy orgulloso de él, sí. Pero tampoco le dé usted alas, no se le vaya a subir el éxito a la cabeza.

PEDRO: No le vendría mal. Es demasiado modesto. Lo de hoy no lo mejora ni Butragueño.[1] Le van a empezar a salir contratos serios, ya lo verá usted.

EMILIA: No le digas eso, Pedro. Yo no quiero casarme con un futbolista profesional. Ya no vuelves a ver a tu marido, te lo roban, se convierte en un esclavo del balón. Eso, desde luego, no. Que elija entre el fútbol y yo.

ALFONSO: No empecemos, Emilia. No es momento para discutir eso ahora.

JULIÁN: Déjala, hombre, que se desahogue.° Estaba muy nerviosa durante el partido. Además tiene bastante razón. Tú, de momento, lo que tienes que hacer es acabar la carrera de medicina. Luego ya se verá.

se... get it off her chest

PEDRO: Perdone, don Julián, la carrera de medicina la hace cualquiera, y en cambio las dotes de su hijo como delantero centro° son fuera de serie,° compréndalo. Y a ti te lo digo también, Emilia. Alfonso lleva el fútbol en la sangre.

delantero... forward center / fuera... extraordinary

EMILIA: Yo no quiero saber nada, allá vosotros. Te espero en el restaurante, Alfonso.

Sale con gesto enfadado.°

gesto... angry gesture

ALFONSO: ¡Emilia, espera!

---

[1]Emilio Butragueño, estrella del fútbol español.

COMPRENSION

A. ¿Qué pasó? *Conteste cada pregunta con una oración.*

1. ¿Qué está haciendo Alfonso cuando empieza el diálogo? _____

    _____

2. ¿Cómo ha jugado Alfonso en el partido de hoy? _____

    _____

3. ¿Qué le sugiere Pedro a Alfonso en cuanto a su carrera? _____

    _____

4. ¿Cómo reacciona Emilia a la sugerencia de Alfonso? _____

    _____

5. ¿Qué quiere don Julián que haga su hijo? _____

    _____

B. ¿Qué conclusiones saca Ud.? *Indique la letra que corresponde a la mejor respuesta.*

1. Según Pedro, la reacción de Emilia al juego de hoy fue una de
    a. disgusto.
    b. horror.
    c. indiferencia.
    ch. entusiasmo.

2. ¿Por qué responde Alfonso que «me ha acompañado la suerte» cuando Pedro habla de su dominio extraordinario?
    a. porque no oye bien a Pedro
    b. porque es modesto
    c. porque le gusta que le dé alas
    ch. porque no le interesa ser futbolista profesional

3. En la opinión de Emilia, la esposa de un futbolista tiene una vida
    a. solitaria y triste.
    b. llena de amistades.
    c. independiente y divertida.
    ch. muy rica.

4. Pedro piensa que Alfonso debe ser futbolista profesional en vez de médico porque
    a. no debe quedarse con Emilia.
    b. no tiene aptitud para la carrera de medicina.
    c. tiene dotes excepcionales para el fútbol.
  ch. no debe seguir los consejos de su padre.

5. Al padre de Alfonso, evidentemente le importa mucho
    a. el gran talento de su hijo como futbolista.
    b. lo que siente el entrenador de su hijo.
    c. el dinero que gana un futbolista profesional.
  ch. que su hijo sea médico.

CONCLUSION

Después de dividirse en grupos, inventen una conclusión a la **Conversación creadora** *Una carrera amenazada, siguiendo las instrucciones de su profesor/a. Consulten el* **Vocabulario útil** *al final del capítulo para ayuda con el vocabulario de los deportes, el fútbol y el béisbol.*

Instrucciones

_____

_____

Personajes

Alfonso _____

Emilia _____

Julián _____

Pedro _____

_____

_____

Ideas para su conclusión

_____

_____

_____

_____

_____

Escenas

En parejas, hablen en español *para solucionar y luego describir cada conflicto.*
El **Vocabulario útil** *al final del capítulo les ayudará con estas escenas.*

1. **A** It is Saturday morning. You are a student on a study-abroad program who has just been invited to an amateur soccer match by a new friend. You are hesitant to go, since you know very little about the sport. Try to persuade your friend to play tennis with you instead, at the tennis club to which your host family belongs.

   B You know that your new American friend likes sports, so you invite him or her to a soccer match in which some of your friends are playing. Try to convince him or her that it will be exciting, and that you will see to it that he or she learns about the sport. Besides tennis, it is the only sport you play well.

2. **A** You have just won a national rowing competition, and you want to train full-time to try to qualify for the Olympics. You must convince your parent that this is a chance of a lifetime, and that it is worth it to take a year off from college.

   B You are a parent with high hopes for your child to enter a profession. Try to persuade him or her to forget the Olympics. Explain that being a sports champion is only a temporary thing, that he or she may never finish college after taking time off, and that he or she will not be able to earn a living through rowing. Mention that you will not be able to continue your financial support after college.

3. **A** Your cousin has given you two tickets to a baseball game tonight. The seats are inexpensive, but you are eager to be at the game to support your favorite team. Try to persuade your best friend to come with you to the game, telling him or her how exciting it will be. Mention that the two of you can have a ride with your cousin.

   B You and your friend have a project due in just two days, and you were planning to work on it while listening to the game on the radio. Try to convince your friend that you can't afford the two-and-one-half-hour drive to the stadium. If you can, persuade him or her to come to your house and listen to the game on the radio while you work.

4. **A** Your son or daughter's coach has taken you aside to tell you that he or she has sufficient talent to win a basketball scholarship. Try to convince your child to stick with it, even though the training is time-consuming. Point out that scholarship money could enable him or her to attend a better university, and that after college he or she does not have to be a professional player.

   B Your parent, who was an amateur basketball star, is encouraging you to play the game competitively in high school. Your coach tells you that you are very talented. However, while you enjoy the game, you do not want to put in the time required to train competitively. You would prefer to use your time for something else, such as reading, which will help you get good grades and attend a good university. Try to persuade your parent to accept the idea that you don't want to join the basketball team.

Más actividades creadoras

*El **Vocabulario útil** al final del capítulo le ayudará con estas actividades.*

A. Dibujos. *Describa lo que está ocurriendo en los siguientes dibujos.*

B. Uso de mapas y documentos. *Refiérase a esta tabla, que presenta los resultados de los partidos de fútbol del fin de semana en Latinoamérica, para contestar las siguientes preguntas.*

Fútbol de Latinoamérica

AP, Buenos Aires

Resultados de los partidos del fin de semana y tablas de posiciones en los campeonatos de fútbol de Latinoamérica (locales primero):

BRASIL

1ra fecha: Santos 0, Vasco 0
Sao Paulo 3, Atlético (Minas Gerais) 0
Botafogo 2, Náutico 0
Fluminense 4, Palmeiras 2
Atlético (Paraná) 3, Flamengo 0
Corinthians 1, Vitoria 1
Portuguesa 1, Sport 0
Bragantino 1, Bahía 1
Cruzeiro 0, Inter 0
Posiciones: Sao Paulo, Botafogo, Fluminense, Portuguesa y Atlético (Paraná) 2; Santos, Vasco, Bragantino, Bahía, Cruzeiro, Inter, Corinthians y Vitoria 1; Atlético (Minas Gerais), Náutico, Palmeiras, Flamengo, Sport, Gremio y Goias 0.

BOLIVIA

Final, tercer partido (desempate)
Oriente Petrolero 1, Bolívar 1, 4–3 la definición por penales. Oriente se consagró campeón.

PERU

Final: Universitario de Deportes 4, Sport Boys 2
Universitario se consagró campeón nacional.

MEXICO

20ma fecha: Necaxa 1, Toluca 1
Cruz Azul 3, Cobras 0
América 3, Veracruz 1
Universitario Nuevo León 1, Morelia 0
Atlas 2, Autónoma de Tamaulipas 0
Querétaro 0, Puebla 0
Universidad de Guadalajara 1, Autonoma de Guadalajara 0
León 0, Monterrey 0
Guadalajara 2, Irapuato 0
UNAM 0, Santos 0
Posiciones: *grupo 1:* Necaxa 22; América y Morelia 19; Aut. Guadalajara 17; Santos 11; *grupo 2:* UNAM 31; Cruz Azul 24; Veracruz 23; Toluca 18; Aut. Tamaulipas 15; *grupo 3:* Guadalajara 24; Puebla 17; U. Nuevo León 16; Irapuato 15; Querétaro 12; *grupo 4:* Monterrey 28; U. Guadalajara 25; León 23; Atlas 22; Cobras 17.

GUATEMALA

Hexagonal final, 1ra fecha: Municipal 3, Juventud Retalteca 2
Suchitepéquez 1, Comunicaciones 0
Chiquimulilla 1, Galcasa 1
Posiciones: Municipal y Suchitepéquez 2; Chiquimulilla y Galcasa 1; Comunicaciones y Retalteca 0.

1. Indique el país de Norteamérica, el de Centroamérica y los tres países de Sudamérica que tenían partidos este fin de semana.

2. ¿Qué equipo fue el nuevo campeón del Perú?

3. ¿En qué grupo nacional estaba el equipo de la Universidad Nacional Autónoma de México (UNAM)?

C. Respuestas individuales. *Piense en las siguientes preguntas para contestarlas en la forma indicada por su profesor/a.*

1. Para Ud., ¿qué importancia tienen los deportes? ¿Forman parte de su vida de alguna manera, o no? Por ejemplo, ¿practica algún deporte o hace ejercicio? ¿Lee Ud. la página deportiva del periódico cada día?

2. ¿Qué piensa Ud. de la vida de un/a atleta profesional? Si tuviera las dotes requeridas (o si es cierto que las tiene), ¿consideraría Ud. un contrato profesional para algún deporte? ¿Por qué sí o por qué no?

CH. Contestaciones en parejas. *Formen parejas para completar las siguientes actividades.*

1. Discutan dos competencias que están ocurriendo en este momento en el mundo deportivo, sean profesionales o de aficionados. ¿A quiénes apoya *(support)* cada uno de Uds. en cada instancia? En la opinión de cada uno, ¿quién será el/la ganador/a de cada competencia?

2. Debatan la siguiente proposición, con una persona a favor de la idea y la otra en contra: Los deportes contribuyen mucho/poco a esta universidad. Compongan una lista de cinco razones en pro y cinco en contra. Luego, comparen su lista con las de otras parejas.

D. Proyectos para grupos. *Formen grupos de cuatro o cinco personas para completar estos proyectos.*

1. Compongan una guía ilustrada para explicar el fútbol americano a extranjeros de habla hispana, y preséntenla a la clase como informe oral. Si quieren, pueden usar fotos o dibujos en su presentación.

2. Asuman los papeles de anunciadores de deportes en la televisión. Usando fotos o dibujos para ilustrar su comentario, presenten a la clase las noticias deportivas de la semana.

E. Discusiones generales. *La clase entera participará en estas actividades.*

1. Lleven a cabo una encuesta *(survey)* de los deportes favoritos de los miembros de la clase, y clasifíquenlos en dos categorías: ser participante en el deporte y ser aficionado/a al deporte. Luego, determinen cuáles son las estrellas del mundo deportivo más admiradas y cuáles son los equipos favoritos de la clase. Cada estudiante debe explicar sus preferencias.

2. ¿Cuántos/as atletas famosos/as latinos/as de la época moderna pueden nombrar? Hagan una lista de los/las atletas y sus deportes. ¿Hay algún deporte que predomina en su lista?

VOCABULARIO UTIL

Los deportes

SUSTANTIVOS

el/la árbitro/a	*referee*
el balón, la pelota	*ball*
el baloncesto	*basketball*
el boxeo	*boxing*
el campo de golf	*golf course*
la cancha	*court* (sports)
la carrera	*track* or *race; career*
el ciclismo	*bicycling*
el club campestre	*country club*
el club de tenis	*tennis club*
el club náutico	*yacht club*
la competición	*contest*
la derrota	*defeat*
el empate	*tie*
la equitación	*horseback riding*
la esgrima	*fencing*
el/la espectador/a	*spectator*
el estadio	*stadium*
la final	*final match*
la gimnasia	*gymnastics, exercises*
el gimnasio	*gym*
el golf	*golf*
el juego	*game*
los Juegos Olímpicos	*Olympics*
la jugada	*play*
la liga	*league*
la línea de toque	*sideline*
la lona	*mat*
la lucha libre	*wrestling*
el maratón	*marathon*
el marcador	*scoreboard*
el/la marcador/a	*scorekeeper*
el/la nadador/a	*swimmer*
la natación	*swimming*
la patada	*kick*
la pelea de boxeo	*boxing match*
el primer/segundo tiempo	*first/second half*
la raqueta	*racquet*
la red	*net*
el remo	*rowing (crew)*

el squash	*squash*
la tabla hawaiana	*surfboard*
la tabla vela	*windsurfer*
el tablismo	*surfing*
el torneo	*tournament*
la vela	*sailing*

Verbos

alentar (ie), animar	*to cheer, to encourage*
clasificarse	*to qualify*
cometer una infracción	*to break a rule*
derrotar	*to defeat, to beat*
empatar	*to tie*
esquiar	*to ski*
fichar	*to sign up*
hacer ejercicio	*to work out, to exercise*
lastimar	*to injure, to hurt*
levantar pesas	*to lift weights*
marcar los tantos	*to keep score*
montar a caballo	*to ride a horse*
patinar	*to skate*
patinar en/sobre hielo	*to ice skate*

Adjetivos

fuera de serie	*extraordinary*

Expresiones

comérselos a todos	*to beat* (completely surpass) *everyone*
ganar la vida	*to earn a living*

Vocabulario individual

_____   _____

_____   _____

_____   _____

_____   _____

_____   _____

_____   _____

Las once posiciones del fútbol profesional

el defensa central (4)	*center defender/fullback*
el defensa derecha (2)	*right defender/fullback*
el defensa izquierda (3)	*left defender/fullback*
el delantero centro (9)	*center forward*
el extremo derecha (7)	*far-right forward*
el extremo izquierda (11)	*far-left forward*
el interior derecha (8)	*right inside forward*
el interior izquierda (10)	*left inside forward*
el medio derecha (5)	*right midfielder/halfback*
el medio izquierda (6)	*left midfielder/halfback*
el portero (1)	*goalie (goalkeeper)*

El béisbol profesional

SUSTANTIVOS

la base (primera, segunda, tercera)	*base (first, second, third)*
el batazo, el jit	*hit*
el bateador	*batter*
la carrera	*run*
el cuadrangular, el jonrón	*homerun*
el guardabosque, el jardinero	*outfielder*
el lanzador	*pitcher*
la liga mayor	*major league*
la liga menor	*minor league*
el paracortos	*shortstop*
el partido de estrellas	*All-Star game*
el pelotero	*ballplayer*
el promedio de bateo	*batting average*
el receptor	*catcher*
el relevista	*relief pitcher*
el Salón de la Fama	*Hall of Fame*
la Serie Mundial	*World Series*

VERBOS

batear	*to bat*
ingresar	*to enter, to be inducted*
lanzar	*to pitch*

EXPRESIONES

¡Bola!	*Ball!*
casa llena	*bases loaded*
volarse (ue) la cerca	*to go out of the park* (over the fence)
conceder pasaporte	*to (allow a) walk*

VOCABULARIO INDIVIDUAL

_____   _____

_____   _____

_____   _____

_____   _____

_____   _____

7

La salud

Objetivos: *Aprender a...*

▲ *dar y recibir un historial clínico.**
▲ *participar en las actividades de un hospital.*

*medical history

NOTAS CULTURALES

Hispanoamérica

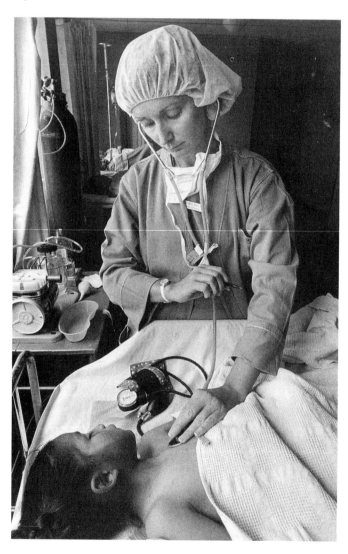

Una enfermera con su paciente en una sala de recuperación *(recovery room)* en Cuzco, Perú

Los países de Hispanoamérica tienen sistemas nacionales de salubridad.° En estos países la Seguridad Social, división del Ministerio de Salud, tiene la responsabilidad de administrar y coordinar los servicios médicos para los trabajadores. El Ministerio de Salud también dirige la Asistencia Pública, que cubre los gastos de servicios médicos para gente menos afortunada.

sistemas... government-sponsored health care systems

Los ingresos° que sostienen° estos sistemas son contribuídos por los empleadores y los trabajadores. Por ejemplo, en el Perú, el director de empresa, basándose en el salario del trabajador, paga el seis por ciento, y el trabajador paga el tres por ciento a la Seguridad Social, para recibir atención médica en los hospitales cuando la necesite. Muchas empresas también proveen seguro médico° comercial a sus empleados. Con este seguro adicional ellos pueden ir a clínicas particulares° para recibir atención médica, si así prefieren.

income / support

seguro... medical insurance
clínicas... private clinics

España

El exterior de un hospital en Madrid

En España, la Seguridad Social cubre las necesidades médicas de todos los trabajadores que pertenezcan a cualquier empresa. Existen, aparte de la Seguridad Social, otras sociedades médicas particulares° a las que pertenecen aquellos que no están inscritos° en la Seguridad Social. Cada una de ellas tiene asignado un número determinado de hospitales para atender a

sociedades... private medical plans comparable to HMOs
registered

sus afiliados.° Como en todas partes suele haber, por desgracia,° más enfermos que camas disponibles,° y los hospitales se resisten a aceptar pacientes que no les corresponden. Pero a veces, sobre todo en casos de urgencias, se pueden hacer excepciones.

group members *(for medical benefits)* / **por...** unfortunately available

Vocabulario basico

El hospital

Sustantivos

el consultorio	*doctor's office for seeing patients, examining room*
la curita	*adhesive bandage*
la pastilla	*tablet* (such as an aspirin)
la píldora	*pill* (coated)
la radiografía	*X-ray*
la receta	*prescription*
la Sala de Emergencia *(H. A.),* la Sección de Urgencias *(Sp.)*	*hospital emergency room*
el seguro médico	*medical insurance*
la sociedad médica	*private managed-care medical plan comparable to a health maintenance organization (HMO)*

Verbos

desmayarse	*to faint*
empeorarse	*to worsen, to get worse*
ingresar	*to be admitted, to enter*
marearse	*to feel faint and/or dizzy, nauseated*
mejorarse	*to improve, to get better*
sangrar	*to bleed*
torcer (ue)	*to twist, to sprain*

Adjetivos

cobarde	*cowardly*
nacional	*public* (government-sponsored)
particular	*private*
testarudo/a	*stubborn*
valiente	*brave*

Expresiones

dar de alta	*to discharge, to release from a hospital*
estar a punto de (+ infinitivo)	*to be on the verge of, to be just about to*
volver (ue) a (+ infinitivo)	*to do again*
¡Ya lo creo!	*Darned right! (You'd better believe it!)*

Practica del Vocabulario basico

A. Párrafo con espacios. *Llene cada espacio en blanco con la forma correcta de la palabra más apropiada de la siguiente lista.*

mejorarse	desmayarse
cobarde	sangrar
Sala de Emergencia	testarudo/a
Ya lo creo	estar a punto de
la curita	volver a

—¡Ay de mí! —grita Sara, dejando caer el cuchillo. Ella mira con horror al dedo índice de la mano izquierda, que empieza a

_____ de una manera incontrolable. —¡Me he

cortado el dedo!

Su compañera Isabel, quien _____ salir,

entra rápidamente en la cocina.

—¿Qué te pasa? —pregunta Isabel. —¿Necesitas una

_____ ?

—Sí, por favor —contesta Sara. —Me siento un poco mareada, creo

que debo sentarme. Pero tú no te preocupes, ya estaré bien, pronto voy a

_____ .

—Ven conmigo, Sara —insiste Isabel. —Vamos a la

_____ del hospital San Cristóbal, que no está

lejos.

—No es necesario —contesta Sara, su voz casi inaudible. —Ya sabes

que soy un poco _____ en cuanto a los hospitales.

Es que me dan tanto miedo...

—No seas _____ , Isabel, tienes que ver a un

médico; vamos. ¿No ves que esa curita no es del todo suficiente para la

herida que tienes? Y parece que vas a _____ .

Anda, aquel cuchillo debe estar muy afilado (*sharp-edged*).

—¡ _____ ! —asienta Isabel, con una

pequeña sonrisa. —No voy a _____ usarlo nunca.

Vamos al hospital.

B. Definiciones. *Empareje las columnas.*

_____ 1. la píldora
_____ 2. la radiografía
_____ 3. la receta
_____ 4. sangrar
_____ 5. particular
_____ 6. cobarde
_____ 7. la pastilla
_____ 8. el seguro médico
_____ 9. nacional
_____ 10. valiente
_____ 11. torcer
_____ 12. el consultorio
_____ 13. ingresar
_____ 14. la curita
_____ 15. marearse

a. donde el/la médico recibe pacientes
b. un pequeño vendaje que cubre una herida
c. fuerte y robusto; sin miedo
ch. sentirse un poco desorientado/a
d. ser admitido/a al hospital
e. nota en que escribe el/la doctor/a su prescripción
f. fotografía sacada con rayos X
g. una porción pequeña de medicina que se toma oralmente y que no tiene un exterior duro
h. privado
i. dejar salir sangre
j. una pastilla protegida por un exterior duro
k. protección contra los gastos médicos
l. para el público general del país
ll. con mucho miedo
m. mover violentamente hasta dislocar

C. Analogías. *Subraye la respuesta más apropiada para duplicar la relación que existe entre las palabras modelo.*

Ejemplo: el/la profesor/a: la universidad
el/la doctor/a: a. la píldora
b. el seguro médico
c. <u>el hospital</u>

1. comer: el tenedor
curar: a. la curita
b. la receta
c. dar de alta

2. la casa: la puerta
el hospital: a. la Sala de Emergencia
b. el consultorio
c. la radiografía

3. saber: conocer

   estar listo/a a: a. ingresar

                              b. volver a

                              c. estar a punto de

4. abierto: cerrado

   la clínica de salud pública: a. la radiografía

                                          b. la sociedad médica

                                        c. ingresar

5. la mentira: la verdad

   ¡Imposible!: a. ¡Ya lo creo!

                      b. ¡Me mareo!

                      c. ¡Testarudo!

6. saludar a: ingresar

   despedirse de: a. mejorarse

                         b. volver a hacer

                         c. dar de alta

7. tener buena salud: estar enfermo

   sentirse bien: a. marearse

                     b. ser cobarde

                     c. adelantar los acontecimientos

8. aprender: repasar

   hacer: a. estar a punto de hacer

             b. volver a hacer

             c. torcer

9. tener sed: el agua

   tener dolor de cabeza: a. la pastilla

                              b. la curita

                              c. el consultorio

10. entrar: salir

    mejorarse: a. empeorarse

                     b. recetar

                     c. ingresar

CH. Sinónimos o antónimos. *Para cada par de palabras, indique si el significado es igual (=) o lo opuesto (≠).*

1. particular   _____   privado
2. torcer   _____   dejar algo como está
3. dar de alta   _____   salir del hospital
4. ingresar   _____   salir del hospital
5. la píldora   _____   la pastilla con otro exterior
6. la radiografía   _____   la fotografía interna
7. el seguro médico   _____   lo que paga los gastos médicos
8. nacional   _____   privado
9. la sociedad médica _____   la Seguridad Social nacional
10. valiente   _____   heróico
11. mejorarse   _____   morir
12. desmayarse   _____   sentirse muy fuerte
13. el consultorio   _____   el cuarto donde se examina el/la paciente
14. testarudo   _____   flexible
15. empeorarse   _____   mejorarse

CONVERSACION CREADORA

Un accidente de moto[1]

Personajes

DOCTORA MONTERO, 38 años
ENFERMERA (SILVIA), 28 años
RAFAEL RUBIO, 40 años
RECEPCIONISTA, 18 años

Escenario

Despacho° de la doctora Montero, Jefa de Traumatología° en el hospital Casimiro Ulloa, en Lima, Perú. Es por la noche. La doctora está hablando por teléfono.

office / **Jefa...** Chief of Trauma

DOCTORA:	De acuerdo. No sé si llegaré a comer pero espérenme para tomar café... Creo que ya no surgirá° ningún problema, aunque nunca se sabe. *(Tocan a la puerta.)* Entre. *(Entra la Enfermera.)* Iré lo más pronto que pueda.

will arise

---

[1]abreviatura de **(la) motocicleta**

Hasta luego. *(Cuelga el teléfono.)* ¿Qué pasa, Silvia? *(Se quita el saco blanco° y lo cuelga en la percha.°)*

el saco... lab coat
hanger

ENFERMERA: Abajo hay un hombre que pregunta por usted. Ha ingresado por la Sala de Emergencia. Tiene un brazo roto.

DOCTORA: Pero si yo no tengo nada que ver con la Sala de Emergencia. Además estoy a punto de irme.

ENFERMERA: Ha insistido mucho. Me ha dado esta tarjeta para que se la pase. Dice que no se va hasta que usted lo vea. Es muy testarudo.

DOCTORA: *(Mirando la tarjeta)* ¡Rafael! ¡Ya lo creo que es testarudo! *(Se vuelve a poner el saco blanco.)* Vamos abajo, es un viejo amigo mío.

Toman el ascensor y llegan a la planta baja. Junto al mostrador de Recepción, Rafael está sentado en una silla agarrándose° el brazo izquierdo con gesto° de dolor.

clutching
gesture

RECEPCIONISTA: Si usted tiene carnet de Seguridad Social,° ya le digo que no le corresponde este hospital.

carnet... Social Security I.D. card

RAFAEL: Espere a que venga la doctora Montero. *(Viendo aparecer a la Doctora)* ¡María! *(Ella se acerca y le pone una mano en el hombro.)* Una vez me dijiste que cuando me estuviera muriendo tú me ayudarías.

DOCTORA: ¿Qué te ha pasado, hombre? No es para tanto.

RAFAEL: Un accidente de moto. Creo que tengo la mano desprendida.° ¡No me toques, por favor, que veo las estrellas!

pulled out of its socket, dislocated

DOCTORA: No tengo más remedio. Vamos, no seas cobarde. La mano la tienes bien, lo que pasa es que te ha afectado al nervio radial.° Posiblemente tienes roto el antebrazo.°

nervio... radial nerve
forearm

RAFAEL: ¡No tendré que operarme!° ¡Me espanta sólo pensarlo!°

¡No... I won't need an operation!
Me... I get scared just thinking about it!

DOCTORA: Sigues igual de impaciente. Genio y figura hasta la sepultura.° Lo primero que hay que hacer es una radiografía, y enseguida te diré si tenemos que operarte o no. *(A la Enfermera)* ¿Está libre la cabina° 2?

Genio... "Some people never change." *(proverb)*

booth

ENFERMERA: Creo que sí.

DOCTORA: Pues vamos, es mejor no perder tiempo. ¿Te mareas?

RAFAEL: Un poco... Oye, María, ¿y si tengo que operarme, me operarás tú?

DOCTORA: Ya veremos. No adelantes los acontecimientos.° **No...** Don't rush things.

COMPRENSION

A. ¿Qué pasó? *Escoja la letra que corresponde a la mejor respuesta.*

1. ¿Qué está haciendo la Dra. Montero cuando la enfermera llega?
   a. Está hablando por teléfono.
   b. Está examinando a un paciente suyo.
   c. Está esperando a Rafael Rubio.
   ch. Está hablando con otro médico en su despacho.

2. ¿Qué noticias trae la enfermera a la Dra. Montero?
   a. Ha muerto un paciente.
   b. Ella necesita una receta.
   c. Su paciente tiene el brazo roto.
   ch. Un hombre está preguntando por ella.

3. ¿Cómo sabe la recepcionista que Rafael Rubio no debe recibir tratamiento en este hospital?
   a. porque no lo conoce
   b. porque su carnet de Seguridad Social indica esta información
   c. porque parece muy pobre
   ch. porque no conoce a ningún médico en este hospital

4. ¿Qué adjetivo caracteriza mejor a Rafael en el momento en que exclama: «¡No me toques, por favor, que veo las estrellas!»
   a. cobarde
   b. simpático
   c. valiente
   ch. pensativo

5. ¿Qué hace la Dra. Montero para resolver el problema que existe?
   a. Da de alta a Rafael.
   b. Se prepara a tomar una radiografía.
   c. Busca a otro médico para operarle a Rafael.
   ch. Llama a la Seguridad Social.

B. ¿Qué conclusiones saca Ud.? *Conteste cada pregunta con una oración.*

1. ¿Por qué hace la enfermera lo que le pide Rafael? _____

    _____

2. Después de su accidente, ¿por qué va Rafael a un hospital que no le corresponde? _____

    _____

3. ¿Qué tipo de relación existe entre la Dra. Montero y Rafael? _____

_____

4. ¿Cómo reacciona la Dra. Montero ante las protestas de Rafael?_____

_____

5. ¿Por qué decide la Dra. Montero no seguir las reglas de la Seguridad Social en esta

ocasión?_____

_____

CONCLUSION

*Despúes de dividirse en grupos, inventen una conclusión a la **Conversación
creadora** Un accidente de moto, siguiendo las instrucciones de su profesor/a.
Consulten el **Vocabulario útil** al final del capítulo para ayuda con el
vocabulario de la medicina, las síntomas y enfermedades, y el cuerpo humano.*

Instrucciones

_____

_____

Personajes

Doctora Montero _____

Enfermera (Silvia) _____

Rafael Rubio _____

Recepcionista _____

_____

_____

Ideas para su conclusión

_____

_____

_____

_____

_____

_____

Escenas

En parejas, hablen en español *para solucionar y luego describir cada conflicto. El* **Vocabulario útil** *al final del capítulo les ayudará con estas escenas.*

1. **A** You are an American student who has just finished a summer course at the Universidad Nacional Autónoma de México (UNAM) in Mexico City. Yesterday you twisted your ankle while shopping at La Lagunilla. A local friend of yours has insisted that you see his/her physician, so you have come to the doctor's office. Try to convince the doctor that you really are okay, although the ankle hurts. You want to see a lot more of Mexico before going back to the United States next month.

   B You are a middle-aged physician who is very conservative about treatment. An X-ray shows that this patient's left ankle has a hairline (very small) fracture. You think that this student should rest his/her ankle for at least three weeks. Try to convince the student to stay in Mexico City until the ankle heals.

2. **A** You have decided to be a doctor, and the time has come to break the news to your father/mother, who also is a doctor. You know that he/she has been unhappy with the profession lately, so you must convince him/her that it is a worthwhile career for you. Tell him/her that you want to make a contribution to the world, and that you feel this is the best way.

   B You are a physician who has been in practice for twenty-five years, and you have seen the profession deteriorate over that time. You know that your son/daughter is considering a career in medicine, and you are worried that he/she will face unhappy realities, such as the risk of contracting AIDS, difficulties with medical insurance, and sacrifices in his/her family life. Try to convince him/her to consider a different profession.

3. **A** You are an American who is vacationing with a friend in Santa Marta, a Colombian coastal city, as part of a package tour bought in the United States. As the two of you are entering the tour bus, your companion trips on a slippery step (**un escalón resbaladizo**), hits his/her head, and loses consciousness. Your local tour guide runs up to you and offers to take you to a national health clinic, but you want to go to a private medical clinic. You believe that there your friend will be seen faster and get better care. Try to convince the tour guide to take your friend to the best private clinic.

   B You are a local tour guide in Colombia. You neglected to notice that the steps of the bus you hired were dirty and slippery, and now a client has injured him/herself. You want the tourist to get care at the lowest cost so that the tour company will incur less expense; a private clinic will cost three times as much as a state-run hospital. You, yourself, use a nearby national hospital and have always received good care. Try to convince the injured person's companion to take his/her friend to the nearest national hospital.

4. **A** You are the parent of a five-year-old child who has to go into the hospital for a vital heart operation. Your son/daughter has an irrational fear of hospitals and is very upset. Try to explain to him/her how a hospital functions, and describe the hospital in positive terms. Let him/her know that you will be there at his/her side throughout the visit. Offer to arrange a tour of the hospital.

   B You are a child who is fearful of hospitals. You do not want to stay in one overnight. You are afraid that the doctors and nurses will hurt you and no one will defend you. Try to convince your parent that the hospital is a terrible place where you will be harmed, especially at night. Also let your parent know that the operation is unnecessary. Try to persuade him/her not to force you to stay in a hospital.

Más actividades creadoras

*El **Vocabulario útil** al final del capítulo le ayudará con estas actividades.*

A. Dibujos. *Describa lo que está ocurriendo en los siguientes dibujos.*

B. Uso de mapas y documentos. *Refiérase a este anuncio argentino para contestar las siguientes preguntas.*

LO MEJOR QUE TIENE AMSA SE PUEDE CONTAR

1.876 PROFESIONALES

Cuando usted cuenta con los 1.876 médicos de **AMSA** puede elegir según sus exigencias, necesidades y preferencias personales, sin subordinarse a los horarios o a la capacidad operativa de determinados médicos y/o instituciones.

Cuando usted cuenta con los 1.876 médicos de **AMSA**, no necesita esperar para realizar una consulta. En todas las especialidades, encontrará profesionales que lo atiendan dentro de las 48 hs. de solicitado el turno. Y usted tampoco dependerá del dinero que posea en ese momento, ya que no afrontará el alto costo de los honorarios privados ni de los estudios que pudieran indicársele.

Además como en Medicina no todo es programado, quizá necesite atención durante la noche, un fin de semana o con carácter de urgencia. En ese caso, recibirá la respuesta inmediata de los Servicios Especiales de **AMSA**, organizados para actuar en **situaciones que no puede resolver ningún sistema de reintegros.**

Cuando usted cuenta con el nivel de excelencia de **AMSA**, se asegura los servicios que solicite, dónde, cuándo y cómo los requiera.

Cuente con 1.876 médicos, lo mejor que tiene AMSA, para proteger su salud.

AMSA
Asistencia Médica Social Argentina S.A.

C O M U N I Q U E S E
953-5897 / 41-3363 / 951-9371

1. ¿Qué tipo de servicios ofrece AMSA?

2. ¿Conoce Ud. grupos médicos semejantes en los Estados Unidos?

3. Según el anuncio, ¿cuáles son tres beneficios del plan AMSA para el consumidor?

C. Respuestas individuales. *Piense en las siguientes preguntas para contestarlas en la forma indicada por su profesor/a.*

1. ¿Se ha quedado Ud. alguna vez en el hospital? Describa su experiencia. Si prefiere, invente un episodio.

2. ¿Ha pensado Ud. alguna vez en hacer la carrera de medicina? ¿Por qué sí o por qué no?

CH. Contestaciones en parejas. *Formen parejas para completar las siguientes actividades.*

1. Aquí tienen diez factores que promueven *(promote)* la buena salud. Ordenen juntos estos factores, con el número uno siendo el factor más significativo. Luego, comparen su lista con las de otras parejas.

   ____ no fumar

   ____ mantener el peso ideal

   ____ hacer ejercicio regularmente

   ____ limitar el consumo de sal

   ____ tener padres y abuelos que conservan la salud

   ____ escoger una dieta balanceada

   ____ evitar las drogas

   ____ beber moderadamente o no beber alcohol

   ____ evitar el consumo de grasas

   ____ evitar el estrés

2. Asuman los papeles de un/a doctor/a y un/a paciente que sufre de alguna enfermedad. El/la doctor/a conseguirá el historial clínico y hará el diagnóstico. Luego, cambien de papeles.

D. Proyectos para grupos. *Formen grupos de cuatro o cinco personas para completar estos proyectos.*

1. Escojan una enfermedad y discutan su descripción en español. Entonces, elijan sus papeles: un miembro del grupo será el/la profesor/a de medicina, otro será el/la paciente y los demás serán otros médicos. El/la profesor/a les presentará a[2] su paciente a los estudiantes de medicina (la clase), explicando sus síntomas y

---

[2]Hoy día en Hispanoamérica, es muy frecuente omitir la **a** personal con el verbo **presentar** cuando se especifican el objeto directo y el objeto indirecto del verbo. Esta oración sería entonces: «El/la profesor/a les presentará su paciente a los estudiantes de medicina...»

preguntándoles a los estudiantes cuál será el diagnóstico. Los demás médicos pueden contribuir más información y contestar preguntas.

2. Explíquenle a la clase un sistema del cuerpo humano (por ejemplo, el sistema circulatorio o el sistema digestivo), sirviéndose de dibujos (sacados de libros o preparados en español por Uds.) para ilustrar su presentación.

E. Discusiones generales. *La clase entera participará en estas actividades.*

1. ¿Por qué piensa mucha gente que la medicina hoy en día representa un problema grave para la economía de los Estados Unidos? Formulen dos listas: una de razones y otra de posibles soluciones.

2. Siéntense en círculo para crear una narración consecutiva (de estudiante a estudiante, añadiendo espontáneamente cada estudiante un nuevo acontecimiento) que tenga como tema central la experiencia de un/a paciente desde que ingresa en el hospital hasta que le den de alta.

VOCABULARIO UTIL

La medicina

SUSTANTIVOS

el/la afiliado/a	*group member* (for medical benefits)
la cabina	*booth*
la cápsula	*capsule*
el/la cardiólogo/a	*cardiologist*
el/la cirujano/a	*surgeon*
la cirujía	*surgery*
El Departamento, La Sección *(Sp.)*	*Department*
el/la dermatólogo/a	*dermatologist*
el despacho	*private office*
el diagnóstico	*diagnosis*
la dosis	*dose*
el/la drogadicto/a	*drug addict*
el estetoscopio	*stethoscope*
el examen	*physical examination*
el historial clínico	*medical history*
el medicamento	*medication*
la medicina interna	*internal medicine*
la muleta	*crutch*
la neurología	*neurology*
el/la optometrista	*optometrist*

el parto	*birth*
el pronóstico	*prognosis*
el/la psiquiatra	*psychiatrist*
el quirófano	*operating room*
la radiología	*radiology*
la sala de espera	*waiting room*
la Seguridad Social	*Social Security* (includes medical coverage)
el sistema nacional de salubridad *(H. A.)*, **el sistema nacional de sanidad** *(Sp.)*	*national* (government-sponsored) *health system*
la terapia física	*physical therapy*
el trasplante	*transplant*
la Unidad de Cuidados Intensivos, UCI *(H. A.)*, **la Unidad de Vigilancia Intensiva, UVI** *(Sp.)*	*Intensive Care Unit, ICU*
la venda, el vendaje	*bandage*
el vendaje enyesado	*cast*

VERBOS

adelgazar	*to lose weight*
auscultar	*to listen to a patient's body, usually with a stethoscope (to auscultate)*
convalecer	*to convalesce, to recuperate*
dañar, hacer daño	*to hurt, to injure*
dar a luz	*to give birth*
diagnosticar	*to diagnose*
enyesar	*to place in a cast*
fallecer	*to pass away* (to die)
golpearse	*to be hit, to hit oneself*
guardar cama	*to get bed rest*
padecer	*to suffer an injury or an illness*
perder el conocimiento	*to lose consciousness*
ponerle (a uno) una inyección	*to give (someone) a shot*
prescribir	*to prescribe*
respirar hondo	*to take a deep breath*
sacar la lengua	*to stick out one's tongue*
seguir(i) un régimen/una dieta	*to be on a diet*

VOCABULARIO INDIVIDUAL

_____   _____

_____   _____

_____   _____

_____   _____

_____   _____

Algunos síntomas y enfermedades

SUSTANTIVOS

la alergia	*allergy*
la amigdalitis	*tonsillitis*
la apendicitis	*appendicitis*
el cáncer	*cancer*
la caries	(dental) *cavity; caries*
la comezón	*itch*
la diabetes	*diabetes*
el dolor de cabeza	*headache*
el dolor de oído	*earache*
los escalofríos	*chills*
la fiebre	*fever*
la fractura	*fracture, break*
la gripe	*flu*
la hemorragia	*hemorrhage*
la herida	*wound*
la hinchazón	*swelling*
el moretón	*bruise*
las paperas	*mumps*
la pulmonía	*pneumonia*
el reumatismo	*rheumatism*
el salpullido *(H.A.)*, la erupción *(Sp.)*	*rash*
el sarampión	*measles*
el SIDA (síndrome de inmunodeficiencia adquirida)	*AIDS*
la torcedura	*sprain*
la tos	*cough*
el tumor	*tumor*
la varicela	*chicken-pox*
la viruela	*smallpox*

VERBOS

ser alérgico/a (a algo)	*to be allergic (to something)*
estar embarazada, estar encinta	*to be pregnant*
hincharse, inflamarse	*to swell*
operarse	*to be operated on*
picar	*to itch*
tener diarrea	*to have diarrhea*
tener una hemorragia	*to hemorrhage*
toser	*to cough*
vomitar, arrojar	*to vomit, to throw up*

ADJETIVOS

débil	*weak*
fuerte	*strong*
grave	*serious*
pálido/a	*pale*
ronco/a	*hoarse*
sano/a	*healthy*

ADVERBIOS

a menudo	*frequently*
a partir de...	*as of, since . . .* (from this time on)
desde hace...	*since, for this long . . .*

VOCABULARIO INDIVIDUAL

_____   _____

_____   _____

_____   _____

_____   _____

_____   _____

_____   _____

El cuerpo humano

La anatomía interna

las amígdalas	*tonsils*
el cerebro	*brain*
la columna vertebral	*spine*
el corazón	*heart*
la costilla	*rib*
el cráneo	*skull*
el estómago	*stomach*
el hígado	*liver*
el hueso	*bone*
los intestinos	*intestines*
el pulmón	*lung*
el riñón	*kidney*

La anatomía externa

el antebrazo (1)
la boca (2)
el brazo (3)
la cadera (4)
la cintura (5)
el codo (6)
el cuello (7)
el dedo (8)
el dedo del pie (9)
la espalda (10)
la frente (11)
el hombro (12)
el labio (13)

la mano (14)
la muñeca (15)
el muslo (16)
la nalga (17)
la oreja (18)
la pantorrilla (19)
el pecho (20)
el pie (21)
la pierna (22)
la rodilla (23)
el seno (24)
el talón (25)
el tobillo (26)

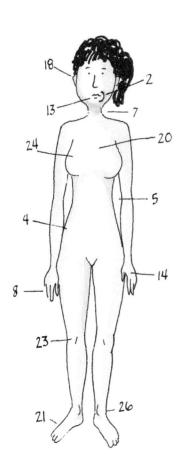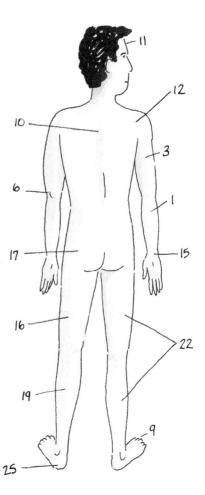

Vocabulario individual

_____   _____

_____   _____

_____   _____

_____   _____

_____   _____

CAPITULO

8

Los hoteles y los toros

Objetivos: *Aprender a...*

▲ *participar en las actividades y nuevas amistades de un hotel.*

▲ *conocer un fenómeno cultural ajeno,* los toros, abiertamente.*

*foreign

NOTAS CULTURALES

Hispanoamérica

Una corrida de toros en
Guadalajara, México

Para los muchos aficionados a las corridas de toros° en Hispanoamérica no hay un espectáculo tan grandioso como éste. Para
ellos, ir a la plaza de toros° es gozar de una ceremonia ritual en
la cual se enfrenta el hombre, desplegando° su coraje y maestría
artística, contra la bestia. Para otros no es ni un deporte ni un
arte, y la polémica continuará.

    La pasión por los toros es parte de la herencia española que
ha conservado su popularidad en varios países hispanoamericanos. Entre estos están el Perú, Colombia, Venezuela y
sobre todo México. Las emocionantes «fiestas de la tarde», como
son llamadas, toman lugar en temporadas asignadas por
tradición en cada país.

    En México, tanto en la capital como en el interior del país,
la temporada es de enero a marzo. Muchos de los festejos
taurinos° son televisados y también se les dedica espacio
periodístico detallado para mantener informados a los
aficionados.

    Los festejos pueden ser «novilladas» para los aprendices del
toreo o «corridas» para aquellos que ya han ganado una
reputación. En la plaza de toros, los miles de aficionados
mexicanos son exigentes,° insistiendo en un alto nivel de
perfección de los matadores. Es por eso que, en cualquier
festejo, el espectador mexicano concederá mérito al lidiador° de

corridas... bullfights

plaza... bullring
exhibiting

festejos... bullfighting festivals

demanding

fighter

una gloriosa faena° con ovaciones y gritos de «¡torero, torero!» o «¡qué faena!», pero asimismo demuestran su desaprobación a una mala tarde con furiosas pitadas.°

series of bullfighting passes; bullfight itself

whistles

España

Un matador en una corrida en Palma de Mallorca

La afición a las corridas de toros está muy arraigada° en España, hasta el punto de conocerse este espectáculo con el nombre de «fiesta nacional». Para un extranjero, no acostumbrado a sus reglas, suele resultar un rito violento y sangriento,° como sin duda lo es. Incluso entre los españoles existe una polémica que divide a los aficionados y a los detractores de la fiesta en bandos contrarios, y ha corrido mucha tinta° sobre si es un arte o un acto de barbarie.° Pero algunos intelectuales y escritores, aunque consideren que tienen razón los que se oponen a la fiesta, llevan tan dentro su afición que siguen asistiendo a ella, a despecho de° sus reservas mentales. Las corridas de toros se suelen celebrar desde principios de verano a principios de otoño, en fechas distintas, según las fiestas de cada región. Las corridas de Madrid, que duran dos semanas, comienzan el 15 de mayo, festividad de San Isidro, patrón de la ciudad.

Los toreros más valientes y famosos pueden llegar a cobrar cantidades exorbitantes por cada tarde de actuación. Primero pasan por la etapa de «novilleros», es decir que torean «novillos» (toros jóvenes y menos peligrosos), y después toman «la

deeply rooted

bloody

ha... a lot of ink has flowed
barbarism

a... in spite of

alternativa». Esto quiere decir que un torero ya consagrado° les
presta sus «trastos de torear» (capa y espada) en la primera
corrida en que van a torear toros ya grandes y poderosos.°

En esta fiesta de paso de novillero a torero, la nueva estrella
pone en juego su futura carrera y se tiene que esmerar,° porque
en esta fiesta es el público quien consagra a una figura con sus
aplausos o su desaprobación.

En las plazas de toros, el espectador español da rienda
suelta° a todos sus afanes° innatos de erigirse el juez,° por lo
cual sus protestas y gritos le sirven de catarsis.

renowned

powerful

se... has to do his best

da... gives free rein / urges /
erigirse... set oneself up as
judge

Vocabulario basico

El hotel

Sustantivos

la bañera	*bathtub*
el botones	*porter, bellhop*
la caja	*cashier*
la cama chica	*single bed*
la cama matrimonial	*double bed*
la casilla	*cubbyhole for mail and/or keys*
la conserjería	*concierge's desk where hotel staff helps with touring, dining, or other arrangements for guests*
la cuenta	*bill or check for services*
el (cuarto)/la (habitación) doble	*double room*
la ducha	*shower*
la estancia	*stay, usually in a hotel or hospital*
el/la gerente	*manager*
el/la huésped	*guest*
el lavabo	*sink*
la lavandería (el lavado y planchado)	*laundry (washing and ironing)*
la mucama *(H. A.)*, la camarera *(Sp., Mex.)*	*chambermaid, hotel maid*
la propina	*tip*
el servicio de cuarto *(H. A.)*, el servicio de habitación/de piso *(Sp.)*	*room service*
la recepción	*registration desk*
el recargo	*surcharge*
el (cuarto)/la (habitación) sencillo/a	*single room*
el vestíbulo	*lobby*

Expresiones

Disculpe (Ud.). (Disculpa [tú].)	*Excuse me.*
¡El mundo es un pañuelo!	*What a small world!*
Muy amable.	*That's nice of you.*

Practica del Vocabulario basico

A. Definiciones. *Empareje las columnas.*

_____ 1. la cama matrimonial
_____ 2. el vestíbulo
_____ 3. Disculpe.
_____ 4. la bañera
_____ 5. el servicio de cuarto
_____ 6. la recepción
_____ 7. el/la gerente
_____ 8. la ducha
_____ 9. la lavandería
_____ 10. la cama chica
_____ 11. la casilla
_____ 12. la cuenta
_____ 13. la conserjería
_____ 14. el lavabo
_____ 15. Muy amable.

a. un gran lugar común
b. lo que hay que pagar
c. un compartimiento para el correo
ch. donde se inscribe
d. Es Ud. muy simpático/a.
e. una cama grande
f. donde recibe el huésped ayuda con sus planes
g. Perdone (Ud.).
h. donde se manda la ropa sucia
i. una cama individual
j. lugar donde alguien se baña con agua que se hace caer en el cuerpo
k. hecho de porcelana, se usa para lavarse la cara y las manos
l. hecha de porcelana, se usa para bañarse sentado/a o tendido/a
ll. provee comida en la habitación
m. la persona que dirige las operaciones del hotel

B. Sopa de letras. *Esta sopa de letras contiene cinco palabras (horizontales o verticales) que corresponden a las siguientes definiciones. Haga un círculo alrededor de cada palabra.*

1. la estadía en un hotel
2. donde se paga la cuenta
3. donde se aloja solamente una persona
4. un/a cliente del hotel
5. una habitación para dos

```
x  h  e  j  m  s  r  a
r  u  c  l  s  a  d  o
d  é  r  e  e  b  m  c
e  s  t  a  n  c  i  a
a  p  e  b  c  i  b  j
r  e  y  t  i  v  r  a
g  d  o  m  l  s  t  u
ó  r  p  t  l  y  a  t
p  a  j  d  o  b  l  e
```

C. Oraciones. *Escoja la letra de la(s) palabra(s) que complete(n) mejor cada oración.*

1. María Inés necesita ayuda con sus maletas y llama al _____ para que se las suba a su habitación.
    a. huésped   b. botones

2. El empleado del hotel distribuye las cartas que reciben los huéspedes, metiendo cada una en la _____ apropiada.
    a. cuenta   b. casilla

3. Isabel ve en el folleto que encuentra en su habitación que si usa el servicio de lavandería el domingo, tendrá que pagar _____ .
    a. un recargo   b. una caja

4. Hoy en día, casi todas las camas en los hoteles son _____ .
    a. matrimoniales   b. huéspedes

5. Cuando Sara va a pagar por su estancia en el hotel, entrega su tarjeta de crédito en la _____ .
    a. conserjería   b. caja

6. José y Marcos quieren reservaciones para una obra de teatro y reciben ayuda en _____ .
    a. la caja   b. la conserjería

7. Anita está muy cansada después de jugar al tenis, y lo que más quiere es una bebida fría y una _____ .
    a. ducha   b. lavandería

8. El agente de viajes arregla para sus clientes _____ en los hoteles.
    a. la estancia   b. el botones

9. Después de pasar diez días en un hotel de cinco estrellas, Alejandro se prepara para recibir una _____ costosa.
    a. caja   b. cuenta

10. Susana sueña con ganar mucho dinero y con ser algún día una _____ en el lujoso Hotel Tamanaco de Caracas.
    a. huésped   b. mucama

11. Anita no usa nunca _____ de un hotel; lava la ropa cuando vuelve a casa.
    a. la lavandería   b. el servicio de habitación

12. Al ver que su mejor amiga de Bogotá está también en Acapulco, así reacciona Concha: _____
    a. Disculpa.   b. ¡El mundo es un pañuelo!

13. Juana prefiere meterse en _____ porque así no se enfría mientras duerme.
    a. una cama chica   b. la casilla

14. En el vestíbulo de su hotel, Pablo se levanta para que una señora mayor pueda tomar asiento. Responde la señora: _____ .
    a. Disculpe.   b. Muy amable.

15. María Inés está muy agradecida por la ayuda del botones, y le da una _____ grande.
    a. cuenta   b. propina

CH. Crucigrama. *Utilice las siguientes definiciones para completar el crucigrama.*

Palabras horizontales

4. lo que recibe el/la empleado/a del cliente por un buen servicio
5. un cuarto para una persona
8. donde alguien se lava las manos
9. donde alguien se baña
10. el/la empleado/a que manda
11. la segunda palabra en una exclamación de sorpresa al ver a un conocido
13. donde la gente va, viene y se sienta, cerca de la entrada
14. Perdone.

Palabras verticales

1. otra palabra que significa «camarera»
2. el lugar donde se inscribe
3. en España, una comida en el cuarto: servicio de _____.
6. en España y México, la persona que limpia la habitación
7. algo adicional que hay que pagar
9. la persona que lleva las maletas
12. una habitación para dos personas

CONVERSACION CREADORA

En el vestíbulo de un gran hotel

Personajes

NANCY, 40 años
JOSÉ LUIS, 45 años
JUANA, 35 años

Escenario

Vestíbulo de un hotel madrileño. Es por la mañana. Nancy está sentada en un sofá, ante una mesita donde hay una taza de café vacía. Ha sacado unos papeles de su carpeta° y está corrigiendo el texto con un bolígrafo. Llega José Luis, mira alrededor y, al ver que todos los tresillos° del vestíbulo están ocupados, se queda de pie junto al sofá de Nancy. Ella está tan distraída con° su trabajo que no se fija en él. José Luis tose y ella alza° la cabeza.

briefcase

furniture grouping of a sofa and two armchairs
distraída... distracted by
raises

JOSÉ LUIS:	Perdone, ¿le molesta que me siente aquí?
NANCY:	No, no. Puede usted hacerlo.
JOSÉ LUIS:	Muy amable. *(Se sienta.)* No, por favor, no recoja sus papeles. Voy a estar poco rato.

Nancy sonríe y continúa con su trabajo.

JOSÉ LUIS:	Disculpe la curiosidad, pero siempre que la veo está trabajando. No parece usted una turista convencional. No es española, ¿verdad?
NANCY:	No, soy de Filadelfia.

JOSÉ LUIS:	Pues casi no tiene acento.
NANCY:	Mi abuelo era español, y además soy profesora de literatura española en mi país. ¿Usted también se aloja en este hotel?
JOSÉ LUIS:	Sí, he venido a ver las corridas de toros. Vivo en Sevilla. ¿Le gustan a usted los toros?
NANCY:	No he ido nunca, me parece una fiesta un poco salvaje.°

savage

| JOSÉ LUIS: | Pero tendría que conocerla, para hablarle de ella a sus alumnos. Forma parte de nuestra cultura. |
| NANCY: | Eso mismo me dice una amiga española, que está trabajando conmigo. Estamos haciendo una gramática° para extranjeros. Es aquella que entra ahora. ¡Juana! |

language textbook

Entra Juana en el vestíbulo y se acerca a ellos.

| JUANA: | Buenos días, Nancy. ¿Qué tal el trabajo? ¿Aprovechaste bien el tiempo? Hoy tenemos que darle un empujón.° *(Fijándose en José Luis)* ¡Pero José Luis, que alegría! ¿Qué haces tú aquí? ¡Cuánto tiempo sin verte! |

a big push

| JOSÉ LUIS: | Siempre vengo a pasar unos días por San Isidro. ¿Así que tú eres la amiga de mi encantadora vecina de cuarto? ¡El mundo es un pañuelo! |

Comprension

A. ¿Qué pasó? *Conteste cada pregunta con una oración.*

1. ¿Dónde y cómo se conocen Nancy y José Luis? _____

_____

2. ¿Cuál es la profesión de Nancy? _____

_____

3. ¿Por qué ha venido José Luis a Madrid? _____

_____

4. ¿Cómo reacciona Nancy a la idea de ver una corrida de toros? _____

_____

5. ¿Por qué exclama José Luis que «¡El mundo es un pañuelo!»? _____

_____

B. ¿Qué conclusiones saca Ud.? *Indique la letra que corresponde a la mejor respuesta.*

1. Nancy ha venido a Madrid
   a. para trabajar con su colaboradora española.
   b. para celebrar las fiestas de San Isidro.
   c. para alojarse con su amiga Juana.
   ch. para aprender el español.

2. ¿Qué deduce José Luis sobre su vecina de cuarto?
   a. Está buscando a su amiga Juana.
   b. Es una turista convencional.
   c. Está haciendo algún trabajo.
   ch. Ha venido para las fiestas de San Isidro.

3. Para José Luis, las corridas de toros
   a. son sólo para los turistas.
   b. son unas fiestas crueles y salvajes.
   c. son un aspecto importante de su cultura.
   ch. son mejores en Sevilla que en Madrid.

4. Más que otra cosa, Juana necesita que su amiga Nancy
   a. conozca a su viejo amigo José Luis.
   b. trabaje en el libro que están escribiendo.
   c. asista a una corrida de toros.
   ch. se aloje en otro hotel.

5. ¿Por qué está trabajando Nancy en el vestíbulo del hotel?
   a. porque le gusta el ruido de la gente
   b. porque ha visto que José Luis está allí
   c. porque está esperando a Juana
   ch. porque no conoce a nadie en Madrid

Conclusion

*Después de dividirse en grupos, inventen una conclusión a la **Conversación creadora** En el vestíbulo de un gran hotel, siguiendo las instrucciones de su profesor/a. Consulten el **Vocabulario útil** al final del capítulo para ayuda con el vocabulario de los toros y los desacuerdos.*

Instrucciones

_____

_____

_____

Personajes

Nancy _____

Juana _____

José Luis _____

_____

_____

_____

Ideas para su conclusión

_____

_____

_____

_____

_____

Escenas

En parejas, hablen en español *para solucionar y luego describir cada conflicto.*
El **Vocabulario útil** *al final del capítulo les ayudará con estas escenas.*

1. **A** You are a photographer (**un/a fotógrafo/a**) from Costa Rica who is checking into a hotel in Mendoza, Argentina, late at night, with tickets for every session of tomorrow's international ecology conference. You have just learned that the hotel has not received your reservation, and there are no rooms available. You see another person with photography equipment in the lobby who appears to be alone. Try to convince him or her to let you have the extra bed in his/her room for the night. Offer to pay half the price of a room.

   B You are a photographer from Colombia who has been in Mendoza for two days covering the ecology conference. You are disappointed because you haven't received tickets to some of tomorrow's sessions. You are a very independent person, and the thought of sharing your hotel room does not appeal to you. However, you are almost out of money. Try to recover as much of your cost as possible if you share your room, preferably the full 90 pesos that the room cost. (**1 peso argentino** = approximately 90 cents U.S.; consult a newspaper or a bank for the latest exchange rate.)

2. **A** You are an American visitor to Mexico City in February. You have always been fascinated by bullfights. Try to persuade your travel companion to come experience a bullfight with you: to see the splendor and excitement of a battle between man and beast. Point out that neither of you is a vegetarian, that the bull is raised for this purpose and is destined to die anyway, that many other sports involve danger, and that this is a chance to learn about Hispanic culture. Offer to pay for the tickets.

   B You are an American who has never had any curiosity about bull-fighting. You think that it is cruel and pointless. Try to persuade your travel companion to go to a museum this afternoon instead. Offer to pay for a taxi to the museum.

3. **A** You are checking over your hotel bill when you notice that you have been charged a phone surcharge that is ten times the price of the one long-distance call you made. Try to get the clerk to remove the surcharge from your bill. Tell him or her that you will pay for the call, but not the surcharge. Let him or her know that you will complain to the hotel manager and also to your travel agent if the surcharge remains.

   B You are an assistant manager at a hotel that prides itself on customer satisfaction. However, you know that telephone surcharges are standard practice. Try to persuade this guest to accept the surcharge as part of the bill. Tell him or her that the only way to avoid a phone surcharge is to go to the main phone company (**la central telefónica**) to make calls. Offer him or her a free meal in the hotel restaurant as a gesture of good will.

4. **A** You are a Spanish professor who is on a field trip with his or her students to Aguinaga, in the Basque province of Guipúzcoa, a place famous for its baby eels (**las angulas**). To honor your students, you decide to splurge on a plate of these eels. You especially want the exchange students from other countries to have a chance to try this delicacy. Try to convince your best student, a picky eater from the United States, to at least try the young eels.

   B You are an exchange student from the United States who is at the end of his or her junior year in Spain. You have been open to Spanish customs, and have adapted very well. However, you have always been squeamish about eating new foods. You know that even if you try to pretend that they are spaghetti (which they look like), there is no way that you can eat these baby eels. Try to decline without hurting your host/hostess' feelings.

Más actividades creadoras

*El **Vocabulario útil** al final del capítulo le ayudará con estas actividades.*

A. Dibujos. *Describa lo que está ocurriendo en los siguientes dibujos.*

B. Uso de mapas y documentos. *Refiérase a este anuncio que describe el hotel Oasis Cancún de México para contestar las siguientes preguntas.*

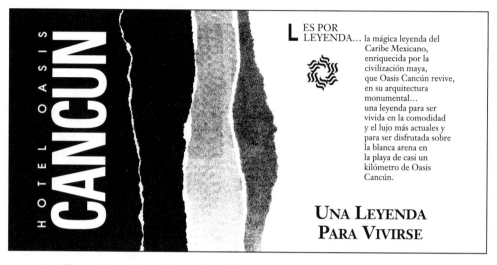

L ES POR **LEYENDA**... la mágica leyenda del Caribe Mexicano, enriquecida por la civilización maya, que Oasis Cancún revive, en su arquitectura monumental... una leyenda para ser vivida en la comodidad y el lujo más actuales y para ser disfrutada sobre la blanca arena en la playa de casi un kilómetro de Oasis Cancún.

UNA LEYENDA PARA VIVIRSE

1. ¿En qué región está este hotel?

2. ¿Qué civilización antigua forma parte de la riqueza de la región?

3. ¿Cómo es de grande la playa del Oasis Cancún?

C. Respuestas individuales. *Piense en las siguientes preguntas para contestarlas en la forma indicada por su profesor/a.*

1. ¿Cómo fue el mejor hotel en que Ud. se ha alojado? Descríbalo en detalle.

2. Cuente la peor experiencia que Ud. ha tenido en un hotel.

CH. Contestaciones en parejas. *Formen parejas para completar las siguientes actividades.*

1. Aquí hay una lista, escrita por un catedrático español, de los siete ataques más frecuentes contra la fiesta de los toros. Compongan juntos una lista de siete defensas, una para cada punto. Luego, comparen sus defensas de la fiesta con las de otras parejas.

   1. Es cruel con el animal.
   2. Es un puro espectáculo, que responde sólo a motivos económicos.
   3. Es aburrida, repetitiva.
   4. Es algo pretérito, en decadencia; se está acabando.
   5. Es mala para el espectador, para la educación colectiva.
   6. No es estética ni culta.
   7. Responde al «oscuro carácter» español y nos aleja de Europa.[1]

---

[1]Andrés Amorós, *Toros y cultura.* Madrid: Espasa-Calpe, 1987, pág. 136.

2. Hablen de los hoteles para componer dos listas: una de los cinco requerimientos mínimos para un hotel, y otra de los cinco lujos más deseados en un hotel. Cada lista será organizada según la importancia de los factores, con el número uno siendo el más significativo. Luego, comparen sus listas con las de otras parejas.

D. Proyectos para grupos. *Formen grupos de cuatro o cinco personas para completar estos proyectos.*

1. Presenten un noticiario sobre una corrida de toros. Primero vendrán los dos banderilleros, luego entrará el/la matador/a, y de pronto entrará y saldrá el picador a caballo. Por último, el/la matador/a se enfrentará solo/a al toro; al fin lo matará con la espada. Los miembros del grupo tomarán turnos narrando la corrida para los televidentes (la clase). Si quieren, pueden usar fotos o dibujos para ilustrar su narración.

2. Diseñen un hotel de lujo para ser construído en un sitio hispanoamericano, y presenten sus planes a un grupo de gente adinerada (la clase) para lograr su inversión en el proyecto.

E. Discusiones generales. *La clase entera participará en discusiones usando como base las siguientes preguntas.*

SERVICIOS SEGÚN LAS CATEGORÍAS

SERVICIO	CATEGORÍA				
	★★★★★	★★★★	★★★	★★	★
Climatización	Sí	Sí	Zonas nobles*	No	No
Calefacción	Sí	Sí	Sí	Sí	Sí
Agua caliente	Sí	Sí	Sí	Sí	Sí
Teléfono habitaciones	Sí	Sí	Sí	Sí	Sí
Teléfono general	Sí	Sí	Sí	Sí	Sí
Ascensores	Sí	Sí	Sí	Sí	Sí
Habitaciones individuales	Sí	Sí	Sí	Sí	Sí
Habitaciones dobles	Sí	Sí	Sí	Sí	Sí
Suites	Sí	No	No	No	No
Salones sociales	Sí	Sí	Sí	Sí	Sí
Servicio de Bar	Sí	Sí	Sí	No	No
Lavandería	Sí	Sí	Sí	Sí	Sí
Limpieza habitaciones	D	D	D	D	D
Cambio toallas	D	D	D	2S	2S
Cambio sábanas	D	D	3S .	2S	S
TV	P	C	C	No	No
Transporte equipaje	Sí	Sí	Sí	No	No
Claves	**S:** Semanal; **D:** Diario; **P:** Privada; **C:** Sala común. **2S:** Dos veces por semana; **3S:** Tres veces por semana. *Vestíbulos, salones, comedores y bares				

1. ¿Qué conclusiones pueden sacar de esta tabla de hoteles y sus categorías?

2. Usando este sistema, indiquen cinco hoteles en su ciudad (o la ciudad
   más cercana) que se puedan colocar en estas categorías: de una a
   cinco estrellas. Luego, piensen en cadenas de hoteles conocidos en
   este país. Según los servicios que ofrecen, ¿cuántas estrellas recibirían
   los hoteles de cada cadena?

VOCABULARIO UTIL

Los toros

SUSTANTIVOS

el alguacil	*person on horseback who begins a bullfight*
la banderilla	*stick with a steel barb at one end, decorated with colored paper*
el banderillero	*matador's assistant* (Two bandilleros take turns placing three pairs of **banderillas** behind the bull's neck.)
el capote	*cape that is yellow on one side and magenta on the other* (used by the **banderilleros** early in the bullfight to provoke the color-blind bull with its motion)
la corrida	*bullfight*
la entrada	*admission*
la espada	*sword* (carried by the bullfighter)
la faena	*last part of the bullfight, in which the bullfighter confronts the bull*
el festejo	*festival*
las graderías	*bleachers*
la localidad	*(seat) location*
la localidad de sol	*seat in the sun* (least expensive)
la localidad de sol y sombra	*seat in sun and shade* (medium price)
la localidad de sombra	*seat in the shade* (most expensive)
el/la matador/a, el/la torero/a	*bullfighter*
la muleta	*red cloth draped over a stick*
la novillada	*bullfight in which apprentice bullfighters battle young bulls*
el novillero	*apprentice bullfighter who fights young bulls*
el novillo	*young, less dangerous bull*
el paseo	*parade of bullfighters and their assistants into the ring*
el picador	*person who performs after the **banderilleros** on a (padded and blindfolded) horse and inserts a lance*

la pitada	*whistle* (sign of displeasure)
la plaza de toros	*bullring*
el quite	*passes that the bullfighter performs before the* **picador** *exits*
el toril	*bullpen*
los trastos de torear (la capa y la espada)	*bullfighter's implements* (cape or **muleta** and sword)
la vara	*lance used by the* **picador**

V E R B O S

criar	*to raise, to breed*
lidiar	*to fight, to battle*
picar	*to insert the lance*
torear	*to bullfight*

A D J E T I V O S

taurino/a	*having to do with bulls or bullfighting*

E X P R E S I O N E S

dos orejas	*two ears; a bullfighter's reward for an excellent performance* (A bullfighter's performance is judged by his or her grace and by the amount of danger to which he or she exposes him/herself.)
dos orejas y el rabo	*two ears and the tail; a bullfighter's reward for a truly outstanding performance*
¡Olé!	*cheer for a bullfighter's expert move*
¡Torero/a, torero/a!	*exclamation of approval for a technically excellent performance*
¡Qué faena!	*exclamation of appreciation for an emotionally exciting performance*

V O C A B U L A R I O   I N D I V I D U A L

_____   _____

_____   _____

_____   _____

_____   _____

_____   _____

_____   _____

Los desacuerdos

S U S T A N T I V O S

el desprecio	*contempt, scorn*
la polémica	*polemics / heated debate*

V E R B O S

aguantar (algo)	*to tolerate (something)*
consentir (ie)	*to permit, to agree to*
despreciar	*to put down, to scorn*
elogiar, exaltar	*to praise*
impresionar	*to impress*
llegar a un acuerdo	*to reach an agreement*
repugnar	*to repel, to disgust*
tener razón/no tener razón	*to be right / to be wrong*

A D J E T I V O S

bruto/a	*gross, stupid, brutish*
considerado/a	*considerate*
desconsiderado/a	*inconsiderate*
salvaje	*savage*
sensible	*sensitive*

E X P R E S I O N E S

Con mucho gusto.	*Gladly.*
de ninguna manera	*definitely not; no way*
depende de...	*it depends on . . .*
Es verdad./No es verdad.	*That's true. / That's not true.*
Ni en sueños...	*Don't even think about it.* (There is no way that will happen.)
¡No me diga(s)!	*Really! You don't say.*
para mí	*to me, in my view*
por mi parte	*as far as I'm concerned*
¡Qué barbaridad!	*How ridiculous! That's nonsense!*
¿Qué le/te parece... ?	*What do you think of . . . ?*
¡Yo no!	*Not I!*
Yo no tengo la culpa.	*It's not my fault.*

V O C A B U L A R I O   I N D I V I D U A L

_____   _____

_____   _____

_____   _____

_____   _____

9
Los aeropuertos y la defensa propia verbal

Objetivos: *Aprender a...*

▲ *participar en las actividades de un aeropuerto.*
▲ *defenderse contra acusaciones.*

NOTAS CULTURALES

Hispanoamérica

Pasajeros en el aeropuerto internacional Simón Bolívar en Caracas, Venezuela

El transporte aéreo en Hispanoamérica es uno de los mejores del mundo, y los viajeros hispanoamericanos están más acostumbrados a viajar en avión que en otro medio de transporte. La mayoría de los países en Hispanoamérica tiene por lo menos una línea aérea nacional con viajes repletos a los otros países del continente, incluyendo los Estados Unidos. Cuentan también con una o dos líneas domésticas para el transporte de pasajeros y mercadería° dentro del país. Por lo general, los aeropuertos en estos países son bastante modernos, con pronta atención al horario de entradas y salidas° para los viajes internacionales. Debido a los problemas internacionales del terrorismo y del tráfico de drogas, se observan controles estrictos de seguridad en todos los aeropuertos.

freight

horario de... schedule of arrivals and departures

España

Pasajeros en una sala de espera en Madrid

El transporte aéreo se ha intensificado mucho en España, aunque viajar en avión sigue siendo menos habitual que en Hispanoamérica o en los Estados Unidos. En los últimos años, y debido a los fenómenos internacionales del terrorismo y del narcotráfico, son más severos los controles de seguridad, tanto en lo que tiene que ver con los equipajes como en el cacheo° de las personas.

frisking

Cuando los pasaportes están en regla° y no hay ningún tipo de sospecha con respecto al viajero o a sus acompañantes, no existen problemas para la fluidez° de entradas y salidas.

están... are in order

flow

Las líneas aéreas nacionales más importantes son IBERIA y AVIACO.

VOCABULARIO BASICO

El aeropuerto

SUSTANTIVOS

la aduana	customs
la cola	line in which people wait (queue)
el comprobante, el talón	baggage claim check
el control de pasaportes	passport security checkpoint
la demora	delay
el equipaje de mano, la bolsa de mano	piece of carry-on luggage
el horario de vuelos	flight schedule
el maletero	porter
el pasaje, el boleto *(H. A.)*, el billete *(Sp.)*	ticket
la tarjeta de embarque	boarding pass
la visa *(H. A.)*, el visado *(Sp.)*	visa

VERBOS

chequear *(H. A.)*, cachear *(Sp.)*	to frisk, to search someone
facturar	to check through
hacer escala	to make a stopover
revisar	to check, to inspect

ADJETIVOS

(de) ida y vuelta	round-trip

ADVERBIOS

adelantado	ahead of schedule, early
a tiempo	on time
atrasado, con retraso	delayed, late

EXPRESIONES

A la orden./A sus órdenes./A su servicio. *(H. A.)*, [Su] Servidor. *(Sp.)*	At your service.
estar en regla	to be in order
perder (ie) un vuelo	to miss a flight
por cierto	by the way; incidentally
tocarle (a uno)	to be one's turn, one's obligation
tomar un vuelo, coger un vuelo[1]	to catch a flight

---

[1]**Coger** is not used in Mexico or in the Southern Cone (Argentina, Uruguay and Paraguay) because it also has an impolite meaning.

PRACTICA DEL VOCABULARIO BASICO

A. Oraciones condensadas. *Para completar esta anécdota, añada las palabras necesarias de la siguiente lista en su forma correcta.*

Ejemplo: El piloto / no poder / _____ / vuelo.
            *El piloto no puede **perder** su vuelo.*

el horario de vuelos	**revisar**	**la demora**
el comprobante	**estar en regla**	**a la orden**
hacer escala	**por cierto**	**adelantado/a**
atrasado/a	**tomar un vuelo**	**la tarjeta de embarque**
el control de pasaportes	**tocarle (a uno)**	**a tiempo**

1. Cuando / llegar / Enrique / aeropuerto / consultar / inmediatamente /

   _____ / buscar / vuelo / Caracas.

   _____

2. Enrique / ver / vuelo / llegar / _____ / y / necesitar / esperar.

   _____

3. Otros / viajeros / estar / agitado / a causa de / _____.

   _____

4. « _____ —/ comentar / pasajero / cola / Enrique /—

   _____

5. ¿no salir / nunca / vuelo / _____ / en vez de / atrasado?»

   _____

6. Por fin / _____ / a Enrique / entregar / maletas / empleado.

   _____

7. El empleado / mencionar / vuelo / no salir / _____.

   _____

8. El empleado / explicar / vuelo / _____ / Trinidad.

   _____

9. El empleado / darle / Enrique / _____ / para / recoger / maletas / Caracas.

   _____

10. «Enrique Pérez, _____ », / responder / Enrique / pregunta / sobre / identidad.

_____

11. Entonces / ir / Enrique / pasar por / _____ .

_____

12. El oficial / ver / visa / estar / _____ .

_____

13. El oficial / examinar / billete / y / _____ / de / Enrique.

_____

14. El oficial / _____ / contenido / bolsa de mano / llevar / Enrique.

_____

15. El oficial / decir / Enrique / ya / poder / ir a / _____ .

_____

B. Definiciones. *Empareje las columnas.*

_____ 1. la demora	a. temprano
_____ 2. la bolsa de mano	b. listo/a para servirle
_____ 3. la cola	c. examinar físicamente
_____ 4. la aduana	ch. personas esperando en fila
_____ 5. el billete	d. control de policía que vigila la entrada y salida de viajeros y mercancías
_____ 6. por cierto	e. a la hora anticipada
_____ 7. el visado	f. tomar un avión
_____ 8. ida y vuelta	g. a propósito
_____ 9. perder un vuelo	h. el empleado que carga el equipaje
_____ 10. a tiempo	i. la entrada para un vuelo
_____ 11. el control de pasaportes	j. la tardanza
_____ 12. a la orden	k. llegar tarde para un vuelo
_____ 13. hacer escala	l. registrar equipaje y mandarlo a su destino
_____ 14. adelantado	ll. equipaje que puede llevar consigo en el avión
_____ 15. el maletero	m. donde examinan los documentos de los viajeros
_____ 16. estar en regla	n. estar en orden
_____ 17. con retraso	ñ. permiso oficial del gobierno para entrar en un país
_____ 18. cachear	o. viajar y regresar
_____ 19. coger un vuelo	p. tarde
_____ 20. facturar	q. aterrizar en un sitio intermedio antes de llegar al destino final

C. Dibujos. *Escoja la letra de la frase que mejor describe cada dibujo.*

a. la cola   e. facturar   j. el pasaje
b. el maletero   f. la aduana   k. perder un vuelo
c. el horario de vuelos   g. la bolsa de mano   l. revisar
ch. la visa   h. el talón   ll. ida y vuelta
d. chequear   i. la tarjeta de embarque   m. tocarle a uno

_____ 1.

_____ 2.

_____ 3.

_____ 4.

_____ 5.

____ 6.

____ 7.

AVIANCA

LLEGADAS INTERNACIONALES			SALIDAS INTERNACIONALES		
VUELO	DE	LLEGADA	VUELO	A	SALIDA
AVO 82	Quito	13:00	AVO 87	Santiago de Chile	10:30
AVO 44	Buenos Aires	13:00	AVO 78	Caracas	14:20
AVO 84	Lima	13:20	AVO 10	Madrid	14:45

____ 8.

VIAJES BUSTILLO S.A.
SANTAFE DE BOGOTÁ

Itinerario:

Sra Juana Cruz Meléndez

23 agosto Bogotá-Madrid
4 setiembre Madrid-Bogotá

____ 9.

____ 10.

aeromexico

PEREZ /ANA

DE MEXICO	AM	404 Y	29 JUN	17:45
DE NEW YORK	AM			
A MEXICO				

2 139 4201846718 0

A21 3 8 4 2 0 1 0 4 6 7 1 8 0 E

____ 11.

_____ 12.

_____ 13.

_____ 14.

_____ 15.

◄▲▲▲◄ CONVERSACION CREADORA ▶▼▼◄

De Madrid a Nueva York

Personajes

LUISA, 25 años
RAMÓN, 30 años
UN EMPLEADO
UN POLICÍA

Escenario

Aeropuerto de Barajas en Madrid. Hay una cola de viajeros esperando para pasar el control de pasaportes. Llevan paquetes y bolsas de mano.

LUISA: Me hace tanta ilusión ir contigo a Nueva York. Me parece un sueño. ¿Tú crees que les gustaré a tus padres?

RAMÓN: No digas bobadas,° claro que sí. En cuanto te vean te los meterás en un bolsillo.° Además ya sabes que ellos, aunque lleven casi toda la vida allí, son españoles de origen y les gusta mucho que me haya echado° una novia madrileña. Son encantadores, ya lo verás.

         No... Don't talk nonsense
         te... you'll have them eating out of your hand

         brought home

LUISA: ¡Tengo unos nervios! Por cierto, oye, ¿la bolsa con el vino tinto la llevas tú?

RAMÓN: Sí, aquí está. Tú tranquila. Anda, prepara el pasaporte, que ya nos toca.

Llega Ramón a la ventanilla y entrega su pasaporte. El empleado lo mira atentamente y luego le mira a él.

EMPLEADO: ¿Es usted Ramón Sánchez García?

RAMÓN: Servidor.

EMPLEADO: Espere un momento.

El empleado hace una seña° a un policía, que está al otro lado del control, y éste se acerca. Hablan confidencialmente, mirando el pasaporte de Ramón.

         signal

LUISA: ¿Por qué tardan tanto? ¿Pasa algo?

RAMÓN: Parece que sí, pero no lo entiendo.

El policía sale del recinto° del control con el pasaporte de Ramón en la mano.

         restricted area

POLICÍA: (*A Ramón*): Haga el favor de acompañarme un momento.

RAMÓN: ¿Pero por qué? Yo tengo mi visado en regla.

POLICÍA: Ya lo sé, pero necesitamos confirmar un dato.° Venga conmigo.

         fact

RAMÓN: ¿Vamos a tardar mucho?

POLICÍA: Depende.

RAMÓN: Tú espérame aquí, Luisa.

LUISA: No, de ninguna manera. Yo voy contigo. ¿Pero qué pasa? ¡Ay, Dios mío, qué nervios!

RAMÓN: No te preocupes, tiene que tratarse de un error. ¿Puede venir mi novia conmigo?

POLICÍA: Que haga lo que quiera. Vamos, cojan sus bultos,° que están ustedes interrumpiendo la cola.

         bundles

Comprension

A. ¿Qué pasó? *Escoja la letra que corresponde a la mejor respuesta.*

1. ¿Por qué van Luisa y Ramón a Nueva York?
   - a. Ramón va a presentarles a[2] su novia a sus padres.
   - b. Ramón va a establecer un nuevo negocio de vinos.
   - c. Luisa y Ramón van a casarse en Nueva York.
   - ch. Les hace ilusión ir a Nueva York.

2. ¿Qué hace el empleado del control de pasaportes cuando Ramón presenta su pasaporte?
   - a. Le pide el pasaporte de Luisa.
   - b. Le pregunta si es español.
   - c. Le hace una seña a un policía.
   - ch. Le devuelve su pasaporte.

3. ¿Qué le pide el policía a Ramón?
   - a. que abra su bolsa de mano
   - b. que le presente a Luisa
   - c. que interrumpa la cola
   - ch. que le acompañe un momento

4. ¿Qué necesita de Ramón el policía?
   - a. Tiene que sacar algo de su equipaje.
   - b. Tiene que confirmar un dato suyo.
   - c. Tiene que examinar su visado.
   - ch. Tiene que cachearle.

5. ¿Qué necesita de Luisa el policía?
   - a. Necesita chequearla.
   - b. Tiene que confirmar un dato.
   - c. Tiene que examinar su visado.
   - ch. No la necesita para nada.

B. ¿Qué conclusiones saca Ud.? *Conteste cada pregunta con una oración.*

1. ¿Qué emociones siente Luisa al emprender este viaje, y por qué? _____

   _____

2. ¿Por qué piensa Ramón que Luisa va a gustarles a sus padres?_____

   _____

---

[2]Hoy día en Hispanoamérica, es muy frecuente omitir la **a** personal con el verbo **presentar** cuando se especifican el objeto directo y el objeto indirecto del verbo. Esta oración sería entonces: «Ramón va a presentarles su novia a sus padres.»

3. ¿Qué parece provocar la sospecha del empleado del control?_____

_____

4. ¿Qué tendrá que hacer Ramón para poder tomar su vuelo?_____

_____

5. ¿Cómo reacciona Luisa a esta investigación?_____

_____

CONCLUSION

*Después de dividirse en grupos, inventen una conclusión a la **Conversación creadora** De Madrid a Nueva York, siguiendo las instrucciones de su profesor/a. Consulten el **Vocabulario útil** al final del capítulo para ayuda con el vocabulario de los aviones, la seguridad, y las defensas y disculpas.*

Instrucciones

_____

_____

Personajes

Luisa _____

Ramón _____

Un/a empleado/a _____

Un/a policía _____

Ideas para su conclusión

_____

_____

_____

_____

_____

Escenas

En parejas, hablen en español *para solucionar y luego describir cada conflicto. El **Vocabulario útil** al final del capítulo les ayudará con estas escenas.*

1. **A** You bought a suit of armor (**una armadura**) at the Rastro in Madrid, and you plan to hand-carry it back to the United States. As you enter the Barajas airport, a police officer seizes the metal armor, thinking that it could be a weapon. Try to persuade him or her that the armor is a work of art, that you want it only as a decoration, and that you are a peaceful person. Explain that your flight leaves in an hour, and try to persuade him or her to let you get on it with your souvenir.

   B You are a conscientious police officer who is extremely cautious. You fear that this young person may use this heavy metal object to hijack his or her plane. Try to persuade him or her to give up the armor, or at least to ship it through as luggage.

2. **A** You suffer from mild claustrophobia, and are only comfortable in a window seat on an airplane. Unfortunately, you were not able to get a window seat on the flight you have just boarded, from La Paz, Bolivia, to Montevideo, Uruguay. The airline agent told you that your best bet would be to try to switch seats with another passenger on the plane. Try to persuade the person occupying a window seat next to yours to trade with you.

   B You have looked forward to this flight to visit your sister in Montevideo for some time, and made sure that you would have a window seat so that you would enjoy it fully. Try to convince the person requesting your seat that it means a lot to you to sit by the window. Offer to let him or her share the view.

3. **A** You have been admiring some expensive gold pens in an airport duty-free shop. You decide that the pens are not much different from the one you already own, and it is getting close to your flight time, so you leave the store. A guard approaches you and asks if you have taken a gold pen from the shop. Convince him or her that the only pen you have is your own.

   B You are a security guard in an airport duty-free shop who has been observing a suspicious customer. This customer spent a lot of time looking at expensive pens, without buying anything. Since he or she left the store in a hurry, you suspect that this person possibly may have stolen one of the pens. Try to recover the pen if possible.

4. **A** You and your "significant other" are going to visit your grandparents in Peru. While you are in Peru, you would like to see the ancient Inca city of Machu Picchu, which you have heard is breathtaking and fascinating. However, to reach Machu Picchu, it will be necessary to

take a small plane, and your companion is afraid of flying. Try to convince him or her that this is an opportunity of a lifetime, and that it will be worth the flight.

B You are going to visit your boy/girlfriend's grandparents, and are extremely nervous. You are especially worried about flying from Miami to Lima. The idea of another flight, especially in a small plane, is almost more than you can bear. Try to convince your companion that you should spend all your time with his/her grandparents, to get to know them, rather than leaving on a trip. If he or she insists on an excursion, try to see to it that you go to the Paracas Ruins **(las ruinas de Paracas)**, an archeological site not far from Lima, which can be reached safely by car.

Más actividades creadoras

*El **Vocabulario útil** al final del capítulo le ayudará con estas actividades.*

A. Dibujos. *Describa lo que está ocurriendo en los siguientes dibujos.*

B. Uso de mapas y documentos. *Refiérase a este anuncio para contestar las siguientes preguntas.*

AHORA AVIANCA LE DA MEJORES HORARIOS DE VUELO

Horarios más cómodos, para que viaje descansado, sin afanes y haga fácil sus conexiones.

LA HORA AVIANCA:

HACIA EUROPA

DE	A	No. VUELO	FRECUENCIAS	HORA SALIDA	HORA LLEGADA	DETALLE DEL VUELO
BOGOTA	MADRID	AV010	LU-MI-VI	20:15	11:10*	NONSTOP. EN 767. CON UNA HORA MENOS DE VIAJE.
BOGOTA	PARIS	AV014	MA-SA	14:45	06:25*	NONSTOP. EN 767. CASI CUATRO HORAS MENOS DE VIAJE.
BOGOTA	FRANKFURT	AV018	JU-DO	14:45	06:50*	NONSTOP. EN 767. CASI SEIS HORAS MENOS DE VIAJE.

DESDE EUROPA

DE	A	No. VUELO	FRECUENCIAS	HORA SALIDA	HORA LLEGADA	DETALLE DEL VUELO
MADRID	BOGOTA	AV011	MA-JU	13:10	18:50	NONSTOP. EN 767. UNA HORA MENOS DE VIAJE.
MADRID	BOGOTA	AV011	SA	13:10	21:05	EN 767. VIA CARTAGENA.
MADRID	CARTAGENA	AV011	SA	13:10	18:35	NONSTOP. EN 767.
PARIS	BOGOTA	AV015	MI-DO	12:30	18:40	NONSTOP. EN 767. CASI 4 HORAS MENOS DE VIAJE.
FRANKFURT	BOGOTA	AV019	LU-VI	11:15	17:50	NONSTOP. EN 767. CASI 6 HORAS MENOS DE VIAJE.

HACIA SURAMERICA

DE	A	No. VUELO	FRECUENCIAS	HORA SALIDA	HORA LLEGADA	DETALLE DEL VUELO
BOGOTA	CARACAS	AV078	LU-MA-MI-JU-SA	14:20	16:10	PERFECTO PARA SUS CONEXIONES.
BOGOTA	QUITO	AV081	LU-MA-MI-JU-DO	20:30	20:55	PARA QUE APROVECHE EL DIA EN BOGOTA.
BOGOTA	LIMA	AV083	LU-MA-MI-JU	19:50	21:40	PARA QUE APROVECHE EL DIA EN BOGOTA.
BOGOTA	SANTIAGO DE CHILE	AV087	MI-VI-DO	10:30	18:20	SU VUELO DE SIEMPRE.
BOGOTA	BUENOS AIRES	AV043	MI-DO	10:00	18:00	NONSTOP. EN 757. 3:30 HORAS MENOS DE VIAJE.
BOGOTA	BUENOS AIRES	AV087	VI	10:30	22:00	SU VUELO DE SIEMPRE.

DESDE SURAMERICA

DE	A	No. VUELO	FRECUENCIAS	HORA SALIDA	HORA LLEGADA	DETALLE DEL VUELO
CARACAS	BOGOTA	AV079	LU-MA-MI-JU-SA	17:10	18:50	PERFECTO PARA SUS CONEXIONES.
QUITO	BOGOTA	AV082	LU-MA-MI-JU-VI	10:35	13:00	PARA QUE APROVECHE LA TARDE EN BOGOTA.
LIMA	BOGOTA	AV084	MA-MI-JU-VI	09:20	13:20	PARA QUE APROVECHE LA TARDE EN BOGOTA.
SANTIAGO DE CHILE	BOGOTA	AV088	LU-JU-SA	01:10	07:00	TODO EL DIA DISPONIBLE EN BOGOTA.
BUENOS AIRES	BOGOTA	AV044	LU-JU	09:00	13:00	NONSTOP. EN 757. 3:30 HORAS MENOS DE VIAJE.
BUENOS AIRES	BOGOTA	AV088	VI	23:30	07:00*	TODO EL DIA DISPONIBLE EN BOGOTA.

* Llegada al día siguiente.

1. ¿Cuáles son dos ventajas de estos nuevos horarios de vuelos?

2. Señale dos pares de ciudades que tienen conexiones aéreas cinco días de la semana.

3. En estos horarios, ¿cuántos vuelos hay entre Colombia y España?

C. Respuestas individuales. *Piense en las siguientes preguntas para contestarlas en la forma indicada por su profesor/a.*

1. ¿Cuál ha sido la experiencia más memorable que Ud. ha tenido en un aeropuerto o en un avión? Descríbala en detalle.

2. ¿Ud. o algún conocido suyo se ha defendido alguna vez contra acusaciones hechas por un/a policía? Cuente el episodio. Si prefiere, puede inventar y narrar un episodio dramático.

CH. Contestaciones en parejas. *Formen parejas para completar las siguientes actividades.*

1. Formulen juntos una lista de diez factores que les importan cuando viajan en avión. Ordenen su lista de uno a diez, con el número uno siendo el factor más significativo. Luego, comparen su lista con las de otras parejas.

2. En cada pareja, los estudiantes serán pasajeros que se encuentran sentados juntos en un vuelo de Buenos Aires a Nueva York. Un/a estudiante será un/a hombre/mujer de negocios argentino/a que viaja por primera vez a los Estados Unidos y tiene muchas preguntas, y el/la otro/a será un/a negociante norteamericano/a que viaja con frecuencia a Hispanoamérica. Preséntense y charlen durante unos cinco minutos; luego, cambien de papeles e inventen otra breve conversación.

D. Proyectos para grupos. *Formen grupos de cuatro o cinco personas para completar estos proyectos.*

1. Diseñen un plan de seguridad para un nuevo aeropuerto en su pueblo o ciudad. Luego, presenten su plan a la clase.

2. Planeen y presenten a la clase en forma de lección una escena de emergencia a bordo de un avión.

E. Discusiones generales. *La clase entera participará en estas actividades.*

1. Lleven a cabo una encuesta de los aeropuertos que conocen los miembros de la clase. ¿Cuáles son los mejores? ¿Cuáles son los peores? Defiendan sus opiniones con datos.

2. Siéntense en círculo y creen una narración consecutiva (de estudiante a estudiante, añadiendo espontáneamente cada estudiante un nuevo acontecimiento) que tenga como tema central las aventuras de un/a policía en un aeropuerto internacional.

VOCABULARIO UTIL

Los aviones

SUSTANTIVOS

el ala	wing
el aterrizaje	landing
el audífono	earphone
el/la auxiliar de vuelo, el aeromozo/la azafata	flight attendant
la bandeja	tray
la bolsa para el mareo	airsickness bag
el bulto	bulky package, bundle
la carretilla para el equipaje	baggage cart
el carrito	personal luggage carrier
el cinturón de seguridad	seatbelt
la consigna	baggage checkroom
la correa	strap or belt
el chaleco salvavidas	lifejacket
el deslizadero (de emergencia)	(escape) slide
el despegue	take-off
la escala	stopover
la etiqueta	tag, label
la fila	row
la hélice	propeller
el jet	jet
la máscara de oxígeno	oxygen mask
el/la pasajero/a	passenger
el pasillo	aisle
la puerta	gate
la repisa	overhead shelf or compartment
la salida de emergencia	emergency exit
la sección de fumar/no fumar	Smoking / No Smoking section
la tripulación	flight crew
el/la tripulante	crew member
la ventanilla	window

VERBOS

abordar	to board
abrochar(se)	to buckle

aterrizar	*to land*
caber (yo quepo)	*to fit*
deslizarse (por)	*to slide down*
despegar	*to take off*
sobrevolar (ue)	*to fly over*
transbordar	*to change planes* (or trains)
volar (ue)	*to fly*

ADJETIVOS

pesado/a	*heavy; also used metaphorically to mean "a drag"* (people or events)

PREPOSICIONES

a bordo	*on board*
al lado de	*next to*
debajo de	*beneath*
delante de	*in front of*
dentro de	*within; used with time as "in"*
detrás de	*behind*
encima de	*above, on top of*

VOCABULARIO INDIVIDUAL

_____   _____

_____   _____

_____   _____

_____   _____

_____   _____

La seguridad

SUSTANTIVOS

la ametralladora	*machine gun*
el arma	*weapon*
el aviso	*warning*
el cacheo	*frisking, searching*
el/la comandante	*chief in command*
el control de seguridad	*security check*
el dato	*fact, piece of information*
el detector de metales	*metal detector*
el/la guardia	*Civil Guard; member of domestic police force*
el impuesto	*duty, tax*
la INTERPOL	*INTERPOL* (international police force)
la pistola, el revólver	*gun*
el recinto	*restricted area*

el secuestro (de un avión)	*hijacking, skyjacking*
la seña	*sign, signal*
el/la soldado	*soldier*
la sospecha	*suspicion*

VERBOS

amenazar	*to threaten*
esconder	*to hide*
perseguir (i)	*to pursue, to chase*
sospechar	*to suspect*

ADJETIVOS

apacible	*peaceful*
cauteloso/a	*cautious*
envuelto/a (en)	*wrapped (in)*
libre de impuestos	*duty-free; no taxes due*
peligroso/a	*dangerous*
sospechoso/a	*suspicious*

ADVERBIOS

pronto	*soon, promptly*

VOCABULARIO INDIVIDUAL

_____   _____

_____   _____

_____   _____

_____   _____

_____   _____

Las defensas y las disculpas

SUSTANTIVOS

la culpa	*fault, guilt*
la disculpa	*apology*
la excusa	*excuse*
la explicación	*explanation*
el pretexto	*pretext; made-up excuse*
la razón	*reason, cause*

VERBOS

disculparse	*to apologize*
dudar	*to doubt*
explicar	*to explain*
pedir (i) permiso	*to ask permission*
poner pretextos	*to make up excuses*
resolver (ue)	*to solve*

EXPRESIONES

A ver...	*Let's see . . .*
Ay, ¡Dios mío!	*Oh my goodness!* (not blasphemous)
¡Basta ya!	*That's enough!*
Con permiso.	*Excuse me.* (for a minor inconvenience such as passing by)
¿De veras?	*Really?*
¿Le/Te molesta... ?	*Does . . . bother you?*
Lo siento (mucho).	*I'm (very) sorry.*
¡No puede ser!	*That's impossible!*
O sea...	*That is . . . , Rather . . .*
¡Por Dios!	*For goodness' sake!* (not blasphemous)
¡Qué lástima!	*What a pity!*
¡Qué lío!	*What a mess!*
Tiene Ud. (Tú tienes) razón./No tiene (tienes) razón	*You're right. / You're wrong.*

VOCABULARIO INDIVIDUAL

_____   _____

_____   _____

_____   _____

_____   _____

_____   _____

CAPITULO

10

Los restaurantes y las amistades románticas

Objetivos: *Aprender a...*

▲ *participar en las actividades de un restaurante.*
▲ *emprender una amistad romántica en un ambiente hispano.*

NOTAS CULTURALES

Hispanoamérica

Un almuerzo casero

Las horas tradicionales para servir las comidas, tanto como la costumbre familiar de comer todos juntos, han cambiado en los últimos años en muchos de los países hispanoamericanos. En particular, esto es cierto en las grandes ciudades, donde muchas veces resulta imposible ir y venir a casa para almorzar a causa de los problemas de transporte y la implementación de horarios de trabajo fijos. Más y más negocios permanecen abiertos durante las horas del mediodía, con los empleados tomando turnos para almorzar en restaurantes cercanos.

Desayunar con la familia es todavía una costumbre bastante fija. Por lo general el desayuno consiste de café con leche y pancitos° calientes. La comida principal del día es el almuerzo. Se suele almorzar desde las doce hasta las tres. En casa o en un restaurante, esta es la comida más fuerte° del día, que incluye dos platos y postre.° En varios países de Suramérica, como el Perú y la Argentina, se conserva la costumbre del té, que se sirve a media tarde. Consiste de té o café, con pasteles dulces° y bocadillos.°

A partir de° las ocho de la noche se toma la cena. Por lo general consiste de algo muy ligero° y depende de los gustos de la familia.

rolls

más... heaviest
dessert

pasteles... sweet pastries / sandwiches (in Mexico, *sándwiches*)
A... As of
light

Aunque las costumbres han cambiado, todavía se considera rara y de mal gusto° la presencia de mujeres en los bares, especialmente en los países más tradicionales.   **de...** in poor taste

Sin embargo, en otros campos, la liberación femenina es evidente en Hispanoamérica. El doble estándar de comportamiento° que se exigía de las chicas y de los chicos está desapareciendo.   behavior

En este momento, aunque está produciendo algunos conflictos, las chicas de la clase media o alta experimentan en relaciones y carreras que las hacen sentirse felices y realizadas.°   fulfilled

España

Un restaurante madrileño

En España, como en muchos otros países hispanohablantes, las comidas se sirven más tarde que en los Estados Unidos.

El desayuno es tal vez la comida con un horario más flexible. Es una costumbre bastante generalizada la de desayunar en un bar, y en muchos de ellos sirven desayunos hasta las doce. Se suele tomar café con leche con churros° o un bollo,° y a veces un zumo de naranja.°

crullers / sweet bun
zumo... orange juice *(Sp.)*

El almuerzo, la comida más importante del día, que suele incluir dos platos y postre, se empieza a tomar a las dos de la tarde, y muchos restaurantes a las cinco siguen abiertos, porque no está arraigada° la costumbre de levantarse de la mesa inmediatamente al acabar de comer.

deeply rooted

La cena es más ligera que el almuerzo y se toma a partir de las diez de la noche. Pero hay muchos restaurantes en ciudades grandes como Madrid y Barcelona que están abiertos y sirven comidas hasta la madrugada.° Hay gente que cena a la salida de la última sesión de los teatros o los cines, que acaba a la una.

early morning hours; dawn

La costumbre de la merienda a media tarde va desapareciendo. Hoy es más frecuente, a partir de la hora de salida de los trabajos, tomarse un café o una copa,° a veces acompañada de «tapas°», que tanto abundan con diferentes variaciones en los bares españoles. Las mujeres y los hombres pueden ir a los bares, que son más parecidos a «cafés» que a bares americanos.

drink
hors d'œuvres

En los últimos veinte años los hombres y las mujeres jóvenes han logrado° en España un notable incremento de su autonomía. La represión educativa característica del franquismo° (y más exagerada hacia las mujeres) ha dado paso a unas ansias° de independencia juvenil que provocan a veces choques generacionales.°

han... have achieved
the regime of Francisco Franco, 1939–1975
yearnings

choques... intergenerational clashes

pastas al huevo
BODEGA MODERNA
(DESDE 1925)

PLATO TIPICO ITALIANO DE FAMA INTERNACIONAL

VOCABULARIO BASICO
El restaurante

SUSTANTIVOS

el aperitivo, el entremés *(Sp.)*	*appetizer*
el/la camarero/a, el/la mesero/a *(H.A.)*	*waiter/waitress*
la copa, el trago	*drink* (alcoholic)
el fondo	*back of a room or building; foundation*
el local	*place, surroundings*
la pareja	*pair, couple*
el postre	*dessert*
el primer/segundo plato	*first/second course*
la ración	*portion*
el refresco	*soft drink*

VERBOS

citarse	*to make a date or appointment*
comprometerse	*to commit oneself; to get engaged*
encontrarse (ue)	*to meet, to run into* (each other)
ponerse	*to become*
probar (ue)	*to taste, to try, to try on*
señalar	*to signal or point out*

ADJETIVOS

fuerte	*strong, heavy* (for meals and drinks)
ligero/a	*light*

ADVERBIOS

alrededor (de)	*around*
en seguida	*right away*

PREPOSICIONES

a partir de... (una hora)	*as of . . . (a certain time)*

EXPRESIONES

de espaldas	*with one's back turned*
hacer falta	*to need; to be missing or missed*
¡Qué casualidad!	*What a coincidence!*
¿Te (le, les) parece?	*What do you think? Do you feel like it?*

Practica del Vocabulario basico

A. Definiciones. *Empareje las columnas.*

_____ 1. de espaldas
_____ 2. encontrarse
_____ 3. la pareja
_____ 4. a partir de
_____ 5. probar
_____ 6. en seguida
_____ 7. ponerse
_____ 8. señalar
_____ 9. ¿Le parece?
_____ 10. comprometerse
_____ 11. el segundo plato
_____ 12. alrededor
_____ 13. la ración
_____ 14. citarse
_____ 15. el fondo

a. ¿De acuerdo?
b. una porción de comida
c. en un círculo exterior
ch. hallarse por casualidad en algún sitio
d. llegar a un acuerdo para una futura reunión
e. dos personas juntas
f. desde algún tiempo en adelante
g. en una habitación, la parte más lejos de la entrada
h. prometer formalmente hacer una cosa
i. llamar la atención hacia una persona o una cosa
j. la comida que se sirve después del primer plato
k. experimentar una nueva condición
l. ahora mismo
ll. posición en la que no se ve la cara sino la espalda
m. examinar o comer algo por primera vez

B. Sinónimos o antónimos. *Para cada par de palabras, indique si el significado es igual (=) o lo opuesto (≠).*

1. en seguida   _____   luego
2. el camarero   _____   el mesero
3. el local   _____   el sitio
4. el refresco   _____   la bebida sin alcohol
5. el trago   _____   la copa
6. ¿Te parece?   _____   ¿Te gusta la idea?
7. probar   _____   rechazar
8. señalar   _____   indicar
9. alrededor   _____   delante de
10. citarse con   _____   ignorarle a
11. hacer falta   _____   poseer
12. ¡Qué casualidad!   _____   ¡Qué coincidencia!
13. el primer plato   _____   el plato que sigue al entremés
14. el fondo   _____   el frente
15. el entremés   _____   el aperitivo

C. Analogías. *Subraye la respuesta más apropiada para duplicar la relación que existe entre las palabras modelo.*

Ejemplo: la película: el cine
la comida: a. el libro
b. <u>el restaurante</u>
c. la cuenta

1. caliente: sol

   dulce: a. el primer plato
   b. el postre
   c. ligero

2. el libro: el prefacio

   la cena: a. el postre
   b. el primer plato
   c. el aperitivo

3. la comida: cocinar

   la promesa: a. comprometerse
   b. la ración
   c. señalar

4. pequeño: ligero

   grande: a. fuerte
   b. alrededor
   c. en seguida

5. bello: bonito

   desde: a. a partir de
   b. en seguida
   c. ligero

6. mucho: poco

   una gran cena: a. una comida fuerte
   b. una comida ligera
   c. la pareja

7. llegar: entrar

   cambiar: a. hacer falta
   b. citarse
   c. ponerse

8. once futbolistas: el equipo

   un hombre y una mujer: a. la pareja
   b. el fondo
   c. encontrarse

9. cambiar: variar

   reconocerse: a. alrededor

   b. encontrarse

   c. el local

10. la maleta: el portero

    el segundo plato: a. la cuenta

    b. el primer plato

    c. el camarero

CH. Sopa de letras. *Esta sopa de letras contiene diez palabras (horizontales o verticales) que corresponden a las siguientes definiciones. Haga un círculo alrededor de cada palabra.*

1. un sitio o un lugar: el

2. una bebida no alcohólica: el

3. lo opuesto de cara a cara: de

4. hay necesidad: hace

5. lo que se toma en un bar: una

6. una exclamación de sorpresa: ¡Qué   !

7. una comida grande es:

8. el último plato de la cena: el

9. una comida pequeña es:

10. la cantidad para una persona: una

```
r  k  c  u  s  l  c  i  b  w  a  s
e  i  o  s  c  o  u  c  r  s  l  i
f  i  s  l  i  g  e  r  a  p  o  r
r  r  o  o  c  i  n  s  c  o  p  a
e  i  o  c  l  k  t  o  i  d  o  s
s  e  r  a  r  a  a  r  ó  i  s  v
c  e  p  l  g  á  d  e  n  r  t  e
o  s  c  g  f  u  e  r  t  e  p  o
g  p  x  i  a  d  i  b  d  a  o  l
c  a  s  u  a  l  i  d  a  d  s  i
a  l  d  i  u  c  s  t  a  n  t  o
a  d  d  i  f  a  l  t  a  m  r  p
e  a  s  w  p  r  u  i  z  l  e  g
b  s  e  l  i  p  o  g  c  h  i  á
```

CONVERSACION CREADORA

Encuentro en un restaurante

Personajes

MANUEL, 50 años, padre de Isabel y Luisito
CRISTINA, 45 años, madre de Isabel y Luisito
ISABEL, 18 años, hija
LUISITO, 15 años, hijo
ARTURO, 25 años, amigo de Isabel
CAMARERO JOVEN

Escenario

Restaurante bastante lujoso, cerca de la Plaza de Mayo, en Buenos Aires. Son las 2 p.m. y casi todas las mesas están ocupadas. En una de ellas está sentado solo Arturo tomando unos aperitivos.

Entran Manuel y Cristina con sus dos hijos. Un camarero se acerca a ellos.

CAMARERO:	*(Dirigiéndose a Manuel)* Buenos días, señor. ¿Cuántos van a ser?
MANUEL:	Nosotros cuatro. Tenemos mesa reservada para las dos y cuarto.
CAMARERO:	¿A qué nombre?
CRISTINA:	Familia Sánchez Torres.

CAMARERO: *(Mirando su libreta°)* Ah, sí, aquí está. *(Señala una mesa junto a la ventana.)* Es aquella de la ventana, se la preparo en seguida. *(Mira su reloj.)* Han llegado ustedes un poco temprano.

reservation book

CRISTINA: No importa. *(A su marido)* Nos tomamos una copa en el bar mientras tanto, ¿te parece, Manolo? Yo tengo sed.

Van hacia el bar, que está a la izquierda del local, y piden tres cervezas para los mayores y un refresco para Luisito. Luisito y su hermana se han quedado un poco aparte y miran alrededor.

LUISITO: *(A su hermana)* Mira che,° ¿te has fijado en ese chico que está de espaldas?

"che" is a familiar substitute for someone's proper name in Argentina and Uruguay.

ISABEL: ¿Cuál?

LUISITO: Ese alto de la chaqueta gris. ¿No estaba el otro día hablando contigo en el portal° cuando yo salía de casa?

doorway

ISABEL: *(Fijándose en Arturo y poniéndose un poco nerviosa)* Sí, es Arturo, un amigo mío, pero cállate.

LUISITO: *(Irónico)* ¿Un amigo o un novio?

Se terminan sus bebidas y al poco rato vuelve el camarero.

CAMARERO: Los señores pueden pasar a sentarse cuando quieran.

MANUEL: Muchas gracias. Vamos.

Van los cuatro hacia la mesa, siguiendo al camarero.

ISABEL: *(A su madre)* Mamá, yo voy a pasar un momento al baño.

CRISTINA: ¿Quieres que vaya contigo?

ISABEL: *(Nerviosa)* No, no hace falta. No soy una niña pequeña, mamá.

CRISTINA: *(Sonriendo)* No, hija, ya eres una mujer de dieciocho años.

Mientras ellos se acomodan° en la mesa, Isabel cruza hacia el fondo y se para un momento junto a la mesa de Arturo.

get comfortable

ARTURO: ¡Isabel! ¡Qué casualidad! ¿Qué haces aquí? ¿Has venido sola?

ISABEL: No, estoy con mi familia. Hemos venido a celebrar mi cumpleaños. Porque cumplo dieciocho años. Vos° lo sabías, ¿no?

form of **tú** used extensively in Argentina, Uruguay, and part of Paraguay; also used in Central America.
vos querés

ARTURO: Claro que lo sabía. Precisamente pensaba llamarte esta tarde para que tomáramos algo. *(Ofreciéndole un camarón)* Toma, ¿querés° uno? Están muy buenos.

ISABEL:	No, gracias, llámame luego, me están esperando mis padres.
ARTURO:	¿Aquellos son tus padres?
ISABEL:	Sí, pero no mires. Todavía no les he dicho que salgo contigo.
ARTURO:	¡Anda! ¡Pero si es don Manuel Sánchez Torres, mi profesor de geología!

Isabel se despide y entra en el servicio.°   restroom

COMPRENSION

A. **¿Qué pasó?** *Escoja la letra que corresponde a la mejor respuesta.*

1. ¿Por qué ha venido la familia Sánchez Torres al restaurante?
    - a. para conocer al nuevo novio de Isabel
    - b. para celebrar el cumpleaños de Isabel
    - c. para felicitar a Luisito por sus buenas notas en el colegio
    - ch. para conocer este nuevo restaurante

2. ¿Por qué va la familia al bar?
    - a. porque necesitan beber algo inmediatamente
    - b. porque Luisito quiere un refresco
    - c. porque han llegado temprano y necesitan esperar un rato
    - ch. porque Isabel no quiere encontrarse con Arturo

3. ¿Cómo puede Isabel ver a Arturo en el restaurante sin que su familia se dé cuenta?
    - a. Cuando va sola al baño, primero pasa por la mesa de Arturo.
    - b. Ella y Arturo van juntos al bar.
    - c. Luisito va a la mesa de Arturo para arreglar una reunión.
    - ch. Isabel y Arturo se encuentran al fondo de la gran sala.

4. Según Arturo, ¿qué pensaba hacer él esta tarde?
    - a. tomar una copa con Luisito
    - b. hablar con su profesor de geología
    - c. invitar a Isabel a almorzar
    - ch. invitar a Isabel a celebrar su cumpleaños

5. ¿Cómo conoce Arturo al padre de Isabel?
    - a. Es su tío.
    - b. Es su profesor.
    - c. Es también el padre de Luisito.
    - ch. Es también su amigo.

B. ¿Qué conclusiones saca Ud.? *Conteste cada pregunta con una oración.*

1. ¿Qué tipo de relación existe entre Isabel y Luisito? _____

_____

2. ¿Qué importancia tiene este cumpleaños para la familia de Isabel? _____

_____

3. ¿Por qué se pone nerviosa Isabel cuando su mamá quiere acompañarla al baño? _____

_____

4. ¿Cómo reacciona Arturo cuando ve a Isabel? _____

_____

5. ¿Cómo reacciona Arturo al ver al padre de Isabel? _____

_____

CONCLUSION

*Después de dividirse en grupos, inventen una conclusión a la **Conversación creadora** Encuentro en un restaurante, siguiendo las instrucciones de su profesor/a. Consulten el **Vocabulario útil** al final del capítulo para ayuda con el vocabulario de la comida en un restaurante y de las relaciones, las amistades y el amor.*

Instrucciones

_____

_____

Personajes

Isabel _____

Arturo _____

Manuel _____

Cristina _____

Luisito _____

Camarero/a _____

Ideas para su conclusión

_____

_____

_____

_____

_____

_____

Escenas

En parejas, hablen en español *para solucionar y luego describir cada conflicto. El* **Vocabulario útil** *al final del capítulo les ayudará con estas escenas.*

1. **A** You are nearing the end of a delightful meal at an elegant restaurant when the waiter or waitress trips and spills coffee on your blouse or shirt. You are upset because you are afraid the garment will be ruined. Try to persuade the waiter/waitress to guarantee that the restaurant will pay the dry cleaning bill **(la cuenta de la tintorería)** and replace your blouse or shirt if it cannot be cleaned properly.

   B You are a new waiter/waitress who has just spilled coffee on a well-dressed client. Your boss has told you that any customer claims will come out of your salary. Apologize to this customer, then assure him or her that the stain will come out with water. Try to get the customer to enjoy him/herself and forget the small spill.

2. **A** Your niece/nephew has just moved to town, and you know that she/he would like the wonderful boy/girl who lives next door to you. Describe the person in enough detail so that your niece/nephew will want to meet him or her. Your sister and brother-in-law would be thrilled with this match, you are certain. Try to arrange a date.

   B You have just moved to town and have called your favorite aunt/uncle for some recommendations about where to shop, eat, and so on. You already have a boy/girlfriend, someone whom you are not yet ready to introduce to your family but with whom you are in love. Try to persuade your aunt/uncle that you are not interested in dating, without causing any hurt feelings.

3. **A**   You are a twenty-two-year-old man from Caracas, Venezuela, who has just finished a restaurant meal with a young North American whom you like a lot. This is your first date. When the waiter presents the bill, you try to pay with a credit card, but are told that the establishment accepts only cash. You are embarrassed that this has happened, and want to save face with your date. Try to persuade your date that the best thing to do is for you to call one of your brothers, to have him bring you some cash, even though this could take over an hour.

   B   You are an eighteen-year-old woman from New York, who is spending the summer with your grandparents in Caracas. You have enjoyed dinner very much and don't want it to be spoiled by this problem with the bill, which you overhear. Try to persuade your date to allow you to pay tonight's bill. Insist that it would give you pleasure to do so, and that he can pick up the next check. If that tactic fails, persuade him to borrow the money from you, so that the evening won't be ruined.

4. **A**   You are an American college student from Miami, of Cuban-American heritage, who is spending his or her junior year in Madrid. You have fallen in love with an exchange student from Bogotá, Colombia. He or she has invited you to spend Easter vacation **(Semana Santa)** with his/her family in Colombia, and you must convince your parents to let you go. You believe that their main concern will be that the airfare is very expensive.

   B   You are the Cuban-born parent of a child who wants to visit a boyfriend/girlfriend and his/her family for ten days. Although you can afford the airfare, you do not think it is proper for your son or daughter to arrange a visit such as this one without a direct invitation from his/her adult hosts (the boy/girlfriend's parents). Try to persuade your son or daughter to bring his/her boy/girlfriend home to Miami instead.

Más actividades creadoras

*El **Vocabulario útil** al final del capítulo le ayudará con estas actividades.*

A. Dibujos. *Describa lo que está ocurriendo en los siguientes dibujos.*

B. Uso de mapas y documentos. *La siguiente cuenta describe una cena para cuatro mayores y dos niños: dos tortillas, una ensalada de casa, una ración de chuletas de cordero, un entrecot (bistec) de res, dos merluzas, dos cafés dobles, cinco postres, pan y vino. Refiérase a esta cuenta para contestar las siguientes preguntas.*

Don Baco Bar
Restaurante - Asador

C/ La Fuente, 2 - Telfs.: 855 93 66
855 94 84

EL BOALO - (28413 Madrid)

DIRECCIÓN: ANGEL RODRÍGUEZ ORTUÑO

H. 54   — C4

2 tortillas	800
1 Ensalada casa/2	800
1 Chuletas	1.000
1 Entrecot	1.000
2 Merluzas	4.500
4 Pan	800
Vino	600
2 Dobles	400
5 Postres	2.000
	11.400

Pida nuestra carta
y
admita nuestras
sugerencias

IVA INCLUIDO - N.I.F.: 51334521-Q   GRACIAS POR SU VISITA

1. ¿Es correcta la suma de los precios?

2. ¿Cuál fue el segundo plato más caro?

3. Para recibir una cuenta más módica, sugiera dos cambios que podrían hacer estos clientes la próxima vez que vayan a este restaurante.

C. **Respuestas individuales.** *Piense en las siguientes preguntas para contestarlas en la forma indicada por su profesor/a.*

1. Describa el mejor restaurante en que ha comido, e indique por qué le gustó. Entonces, describa el peor restaurante en que ha comido, indicando por qué no le gustó.

2. Si Ud. tuviera que escoger la última comida de su vida, ¿dónde comería Ud., y qué pediría?

CH. **Contestaciones en parejas.** *Formen parejas para completar las siguientes actividades.*

1. En cada pareja, una persona será el/la cliente en un restaurante, y la otra será el/la camarero/a. El/La cliente pedirá una comida completa, y el/la camarero/a apuntará lo que dice. Cambien de papeles y de restaurantes dos veces, comparando lo que ha apuntado el/la camarero/a con lo que ha pedido el/la cliente.

2. Estudien esta receta para flan de leche. Entonces, compongan juntos una receta para un plato sencillo. Luego, cambien su receta con la de otra pareja, y decidan si podrían hacer este plato siguiendo su receta (sí o no).

FLAN DE LECHE

Esta receta rinde para 4 raciones.

150 gr (2/3 de taza) de azúcar	1 cucharadita de vainilla
1 cucharadita de agua	1/2 litro (2 tazas) de leche caliente
3 huevos	una pizca de sal

Caliente el horno a una temperatura moderada de 160° Celsio (325° Farenheit)

1. Ponga la mitad del azúcar y el agua en una pequeña olla o sartén gruesa. A fuego lento, dore el azúcar hasta que tenga la consistencia y el color de miel, moviéndolo a menudo con una cuchara de madera para que no se queme.
2. Viértalo inmediatamente en un molde de aluminio o un recipiente Pyrex® redondo de 20 centímetros (8 pulgadas) en diámetro, y déjelo enfriar.
3. Bata los huevos. Agregue el resto de los ingredientes, y mézclelos bien.
4. Vierta la mezcla sobre el azúcar caramelizado. Ponga el molde dentro de un recipiente que contenga suficiente agua caliente, de manera que el agua en el exterior llegue hasta la mitad de la mezcla en el molde.
5. Hornéelo de una a una hora y media, hasta que se cuaje y al introducirle un palillo en el centro, salga seco.
6. Retírelo del horno y sáquelo del agua. A los diez minutos, colóquelo en la nevera.
7. Cuando esté completamente frío, pase un cuchillo alrededor de los lados del molde con mucho cuidado, para despegar el flan. Vuélquelo sobre un platón que permita conservar su delicioso almíbar de caramelo.

D. Proyectos para grupos. *Formen grupos de cuatro o cinco personas para completar estos proyectos.*

1. Formulen una guía de la vida social universitaria para un grupo de estudiantes costarricenses que pasarán seis semanas estudiando en su universidad este verano. Incluyan la siguiente información: las reglas universitarias, las costumbres para amistades entre jóvenes universitarios aquí, dónde y cómo se conocen los estudiantes de esta universidad y algunas diferencias culturales que ellos encontrarán. La guía tendrá dos páginas.

2. Compongan un menú ilustrado para un buen restaurante hispano.

E. Discusiones generales. *La clase entera participará en estas actividades.*

1. Compongan una lista de diez de los restaurantes de esta ciudad o este pueblo. Entonces, lleguen a un acuerdo en cuanto al número de tenedores (la marca de excelencia gastronómica) que merece cada uno: de uno (el peor) a cinco (el mejor).

2. Siéntense en círculo para crear una narración consecutiva (de estudiante a estudiante, con cada uno añadiendo una pequeña parte) que tenga por argumento una nueva amistad romántica emprendida por un/a estudiante norteamericano/a y un/a estudiante chileno/a en la Universidad de Concepción, en Concepción, Chile.

VOCABULARIO UTIL

En un restaurante

LA COMIDA
SUSTANTIVOS

LAS CARNES

la carne de res	beef
el conejo	rabbit
el cordero	lamb
el pollo	chicken
el puerco	pork
la ternera	veal

LOS PESCADOS Y MARISCOS

la almeja	clam
el bacalao	cod
el calamar	squid

el camarón *(H. A.)*, **la gamba** *(Sp.)*	*shrimp*
la langosta	*lobster*
el lenguado	*sole or flounder*
los mariscos	*shellfish*
la merluza	*hake* (fish similar to whiting)

Los entremeses / *Los aperitivos* / *Las tapas*

la albóndiga	*meatball*
el bocadillo, el sándwich *(Mex.)*	*sandwich*
el chorizo	*hard sausage*
el queso	*cheese*
la salchicha *(H. A.)*, **el salchichón**	*fresh sausage*
la tortilla de patata *(Sp.)*	*potato omelet*

Los primeros platos

el arroz	*rice*
la sopa, el caldo	*soup, broth*

Las verduras

el aguacate	*avocado*
la alcachofa	*artichoke*
el apio	*celery*
la arveja, el chícharo *(H. A.)*, **el guisante** *(Sp.)*	*pea*
la berenjena	*eggplant*
la calabaza	*squash, zucchini*
la cebolla	*onion*
la espinaca	*spinach*
la judía verde	*green bean*
la lechuga	*lettuce*
el maíz	*corn*
la papa *(H. A.)*, **la patata** *(Sp.)*	*potato*
el pimiento verde/rojo	*green/red* (sweet) *pepper*
la zanahoria	*carrot*

Los postres

el arroz con leche	*rice pudding*
el flan	*baked caramel custard*
la fruta del tiempo	*fresh fruit*
la fruta en almíbar	*stewed fruit in syrup*
el helado	*ice cream*
el pastel	*pastry, pie, cake*

EL DESAYUNO

el bollo	*sweet bun*
el churro	*cruller*
la mermelada	*jam or marmalade*
el pancito *(H. A.)*, **el panecillo** *(Sp.)*	*roll*

LAS BEBIDAS

el agua mineral (con gas/sin gas)	*mineral water (carbonated/non-carbonated)*
el café solo/cortado	*black coffee/coffee with milk*
el vino blanco/tinto/clarete (rosado)	*white/red/rosé wine*

LOS INGREDIENTES Y CONDIMENTOS

el aceite	*oil*
el (diente de) ajo	*(clove of) garlic*
el azúcar	*sugar*
la harina	*flour*
la pimienta	*pepper*
la sal	*salt*

LOS METODOS DE COCINAR

VERBOS

asar	*to roast or to grill*
cortar en daditos/cubitos	*to dice*
cortar en rodajas	*to slice*
dorar	*to brown*
escurrir	*to drain*
freír (i)	*to fry*
guisar	*to stew*
hervir (ie)	*to boil*
picar	*to mince* (cut up finely)
revolver (ue)	*to mix or scramble*
saltear	*to sauté*

ADJETIVOS

blando/a	*mild*
picante	*spicy, hot*

A LA MESA

SUSTANTIVOS

la fuente	*serving dish, platter*
el importe	*charge*
el I.V.A. (Impuesto al valor añadido)	*Value Added Tax* (for restaurants, usually 6–12 percent of check)

| la jarra | *pitcher* |
| el mantel | *tablecloth* |

Verbos

| masticar | *to chew* |
| tragar | *to swallow* |

LAS CALAMIDADES

Sustantivos

| la intoxicación alimentaria | *food poisoning* |
| la mancha | *stain* |

Verbos

derramar	*to spill*
manchar	*to stain*
quemar	*to burn*
reclamar	*to demand*
reembolsar	*to reimburse*
tropezar (ie)	*to trip*
verter (ie)	*to pour*

Vocabulario individual

_____   _____

_____   _____

_____   _____

_____   _____

_____   _____

Las relaciones, las amistades y el amor

Sustantivos

el abrazo	*hug*
el afecto	*emotion or affection*
el/la amante	*lover*
la amistad	*friendship*
el beso	*kiss*
el cariño	*affection*
el compromiso	*engagement* (to be married or to keep a social appointment)
el/la cuñado/a	*brother/sister-in-law*
el matrimonio	*marriage* or *married couple*
el/la nieto/a	*grandson/granddaughter*

el/la novio/a	*boyfriend/girlfriend; fiancé/fiancée; groom/bride*
el/la sobrino/a	*nephew/niece*
el/la suegro/a	*father/mother-in-law*

VERBOS

amar, querer (ie), tener amor a	*to love*
casarse con	*to marry*
coquetear	*to flirt*
dejar(le) a alguien	*to leave someone*
desenamorarse	*to fall out of love*
emocionarse	*to be moved, touched, thrilled*
enamorarse	*to fall in love*
felicitar	*to congratulate*
formalizar	*to formalize, to make official*
herir (ie)	*to wound, to hurt*
tener cariño a	*to be fond of*
tratar bien/mal (a alguien)	*to treat (someone) well/badly*

ADJETIVOS

afectuoso/a, cariñoso/a	*affectionate, tender*
amoroso/a	*loving, related to love*
apasionado/a	*passionate*
comprensivo/a	*understanding*

EXPRESIONES

Amor, Cariño	*Darling*
¡Enhorabuena![1]	*Congratulations! (for an achievement such as a promotion)*
¡Felicitaciones![1]	*Congratulations! (on a lucky event a person had something to do with, such as an engagement)*
¡Felicidades![1]	*Congratulations! (on a lucky event that is due to fate, such as a birth or anniversary)*
¡Qué emoción!	*How thrilling!*
¡Qué pena!	*What a shame!*

VOCABULARIO INDIVIDUAL

_____   _____

_____   _____

_____   _____

_____   _____

_____   _____

---

[1]Currently, in Hispanic America and in Spain, these three congratulatory expressions are often used interchangeably.

CAPITULO 11

Los automóviles y el arte de vender

Objetivos: *Aprender a...*

▲ *describir el manejo de un automóvil.*
▲ *participar en el arte de vender.*

NOTAS CULTURALES

Hispanoamérica

Una calle en Buenos Aires, Argentina

En los diferentes países hispanoamericanos existen agencias de venta de automóviles nuevos o de segunda mano.° Para los últimos también se pueden encontrar anuncios en los periódicos, aunque el medio preferido de comprar coches usados es a través de un amigo en el cual se confía.° Además de modelos recientes, hay carros antiguos que todavía se conservan en excelentes condiciones, gracias a mecánicos expertos que pueden fabricar a mano cualquier pieza de repuesto.°

    La circulación° en la mayoría de las ciudades se dificulta a las horas punta,° incluyendo las horas de ida y regreso para almorzar. Cuando surgen congestiones, sonar el claxon° es la forma favorita de comunicación entre los conductores.° En cuanto a la regulación del tráfico, muchas veces las sanciones por una infracción no son fijas, sino que dependen de la situación.

    El gran problema de la contaminación ambiental° causada por los gases de escape se está combatiendo ahora en Hispanoamérica. Hoy en día, México se ha convertido en un líder mundial en la lucha contra la polución proveniente del° tránsito circulante en la Ciudad de México. Gracias a una ley aprobada en 1989, se prohíbe a todos los conductores de autos manejar° un día a la semana. Para llevar a la práctica el reglamento actual° de limitar el uso del automóvil, se aplica una fórmula

de... second-hand

se... one trusts

pieza... spare part
traffic flow
horas... rush hours
car horn
drivers

contaminación... environmental pollution

proveniente... resulting from

to drive

reglamento... current regulation

basada en el día de la semana, el color de la placa° y el último
número de la licencia que aparece en la placa. Tanto los
ambientalistas° como los residentes de la ciudad han aplaudido
los dramáticos beneficios, ya sentidos, de este sistema.

license plate

environmentalists

España

Una agencia de ventas de coches en
Jerez de la Frontera

La venta de coches de segunda mano se puede efectuar a través
de anuncios en revistas especializadas o de amigos que sirven
de intermediarios sin cobrar. Este segundo caso ofrece más
garantías. Pero de todas maneras existen también estableci-
mientos especializados en la venta de coches usados. Como es
natural, antes de comprar un coche usado se prueba, y se le pide
consejo a alguien experto en mecánica.

La circulación automovilística es bastante caótica en casi
todas las ciudades españolas. No se suele hacer mucho caso de
las prohibiciones para aparcar° en determinadas zonas, lo cual
motiva multas° que se envían a domicilio, y otro castigo mucho
más temido: la grúa.° Cuando un coche está descaradamente°
mal aparcado y supone un peligro o una interrupción para los
demás, se expone° a que pase por allí el servicio de la grúa
municipal, que consiste en un camión con grúa incorporada que
se lleva el coche en cuestión a unos depósitos° en las afueras de
la ciudad. Allí tendrá que ir a buscarlo el dueño° del coche

park
fines, tickets
tow truck / brazenly, shamelessly

se... [it] exposes itself

storage depots
owner

sancionado. Y además, aparte del tiempo que le hará perder
esta tarea, tendrá que pagar una multa más alta.

Últimamente son más severos, en carretera, los controles de
alcoholimetría (análisis del grado de alcohol en la sangre),
porque conducir en estado de embriaguez° es el motivo de la   inebriation
mayor parte de los accidentes.

Vocabulario basico

El manejo de un automóvil [1]

Sustantivos

la avería	breakdown, failure, damage
el claxon, la bocina	car horn
el/la conductor/a, el/la chofer	driver
el choque	crash, accident
el/la dueño/a	owner
los frenos	brakes
la llanta, la goma (H.A.), el neumático (Sp., P.R.)	tire
la multa	fine, ticket
el parabrisas	windshield
el parachoques	bumper
la pieza (o la llanta) de repuesto	spare part (or spare tire)
el taller de reparaciones	automotive repair shop, garage
el volante	steering wheel

Verbos

aparcar, estacionar (Sp.)	to park
arrancar	to start
atropellar	to hit (run over) a person or animal with a car
conducir, manejar	to drive
chocar (con), dar un golpe	to collide (with), to hit
dar una vuelta	to go for a ride
frenar	to brake
remolcar	to tow

Adjetivos

descuidado/a	careless, negligent
de segunda mano	used, second-hand
desinflado/a	deflated, flat

[1]El vocabulario automovilístico varía entre los muchos países hispanohablantes. Por
ejemplo, en México se usa la palabra «refacciones» para «piezas de repuesto» (spare parts), y
se refiere a «la defensa» en vez de «el parachoques» (bumper). Sin embargo, la terminología
en el **Vocabulario básico** y en el **Vocabulario útil** es más o menos universal.

¡Vaya por Dios! *For goodness' sake!* (not blasphemous)

PRACTICA DEL VOCABULARIO BASICO

A. Párrafo con espacios. *Llene cada espacio en blanco con la forma correcta de la palabra más apropiada de la siguiente lista.*

el choque	**el/la conductor/a**
la multa	**dar un golpe**
el volante	**manejar**
¡Vaya por Dios!	**el claxon**
el/la dueño/a	**descuidado/a**

El accidente ocurrió hace dos segundos.

—_____ —exclama Ricardo—. Me van a poner

_____ , seguro.

Hace un instante, su nuevo carro acaba de _____ al

carro que iba por delante.

—¿Y a ti, por qué? —pregunta su amiga Isabel, sentada a su lado—. Si

tú no hiciste nada. ¡Si fue la culpa de aquel _____ idiota,

_____ ! ¡Ni siquiera sabe _____ !

—Sí, eso mismo, lo que pasó fue que frenó de una manera tan brusca

que no tuve tiempo ni para sonar _____ . No te hizo

daño, ¿verdad?

—No, no, estoy perfectamente bien. ¿Y tú?

—No creo que me haya hecho nada —murmura Ricardo, mirando

alrededor—. No es para tanto.

En este momento, se acerca un policía.

—¿Es Ud. _____ de este auto? —le pregunta a

Ricardo.

—A su servicio —responde éste, todavía cogiendo _____

entre las manos.

—Hágame el favor de salir del carro —comienza el policía—. Necesito

averiguar algunos datos acerca del _____ .

B. Definiciones. *Empareje las columnas.*

_____ 1. el parabrisas
_____ 2. atropellar
_____ 3. conducir
_____ 4. dar una vuelta
_____ 5. desinflado
_____ 6. arrancar
_____ 7. el parachoques
_____ 8. el volante
_____ 9. frenar
_____ 10. la avería
_____ 11. el taller de reparaciones
_____ 12. de segunda mano
_____ 13. el choque
_____ 14. la llanta de repuesto
_____ 15. los frenos

a. iniciarse el funcionamiento
b. el sitio donde los mecánicos
   trabajan en los coches
c. disminuir la velocidad o parar
   un carro intencionalmente
ch. daño que impide el
   funcionamiento de un auto
d. el encuentro violento entre
   una cosa y otra
e. lo que se usa para controlar
   la dirección del vehículo
f. los pedales que detienen el
   movimiento de un carro
g. la pieza exterior que llevan
   los autos para defenderse
   contra un choque
h. el cristal que protege a los
   viajeros del viento y del polvo
i. usado por otro dueño anteriormente
j. dirigir el movimiento de un carro
k. empujar violentamente a una
   persona con un vehículo
l. pasear un rato en un auto
ll. un neumático extra
m. sin aire por dentro

C. Sinónimos o antónimos. *Para cada par de palabras, indique si el significado es igual (=) o lo opuesto (≠).*

1. aparcar _____ estacionar
2. el conductor _____ una persona que no maneja
3. el neumático _____ la llanta
4. el taller de _____ el garaje donde trabajan
   reparaciones   algunos mecánicos
5. desinflado _____ inflado
6. de segunda mano _____ nuevo
7. descuidado _____ sin cuidado
8. atropellar _____ empujar con mucha fuerza
9. arrancar _____ estacionar
10. frenar _____ intentar parar o ir más despacio
11. ¡Vaya por Dios! _____ ¡Caramba!
12. la bocina _____ el claxon
13. remolcar _____ dar una vuelta
14. la multa _____ el castigo
15. la avería _____ la situación inesperada que dificulta
    el manejo de un vehículo

CH. Eliminaciones. *Elimine la(s) palabra(s) que no se relaciona(n) con las demás.*

Ejemplo: la pluma   el lápiz   el papel   ~~la avería~~

1. el claxon   los frenos   la dueña   el volante

2. el parachoques   dar una vuelta   arrancar   estacionar

3. dar una vuelta   manejar   conducir   chocar

4. frenar   arrancar   remolcar   manejar

5. la llanta   el conductor   el dueño   la dueña

6. la goma   la llanta   el neumático   los frenos

7. el claxon   el volante   la pieza de repuesto   el parachoques

8. dar una vuelta   chocar   atropellar   dar un golpe

9. el taller de reparaciones   la llanta de repuesto
   la pieza de repuesto   el parabrisas

10. estacionar   conducir   dar una vuelta   manejar

▲▲▲ CONVERSACION CREADORA ▶▾▾◀

Un auto en venta

....

Personajes

CAROLA, 45 años
ENRIQUE, hijo de Carola, 18 años
DIEGO, 30 años, posible comprador de un carro usado
LOLA, novia de Diego, 28 años

Escenario

Cocina de una casa no demasiado lujosa, en el barrio de San Bernardino, en Caracas, Venezuela. Sobre la mesa y en el fregadero° hay platos y tazas sucios, restos del desayuno y de la comida del día anterior. En la pared, un pequeño teléfono intercomunicador con la calle.   sink

Carola está en la cocina, recogiendo los platos. Enrique, en pijama, está terminando de desayunar.

....

CAROLA: ¡Hay que ver cómo dejaron la cocina anoche, hijo!
ENRIQUE: Yo no, yo no comí en casa.

CAROLA: Por favor, dile a tu hermana que se levante y que me venga a echar una mano.° Son ya las doce. Y yo tengo que salir.

echar... lend a hand

ENRIQUE: Bueno, mamá, es domingo y se acostó tarde. Déjala un poco más. No recojas ahora, vamos, ya lo haremos nosotros.

Suena el teléfono y Carola lo atiende.°

lo... gets it

CAROLA: ¿Sí?... Claro, son ustedes los que vienen a ver el carro. Ahora bajo. Lo tengo justo delante de la puerta, un Ford rojo... Hasta ahora. (*Cuelga.°*)
(*A Enrique*): ¿Has visto las llaves del Ford?

She hangs up

ENRIQUE: Me parece que estaban en tu cartera. La cartera la tienes ahí. ¿Vas a deshacerte del° Ford por fin?

deshacerte... get rid of

CAROLA: Espero que sí, son unos muchachos que están interesados. Me llamaron antes por el anuncio de *El Nacional*° y parece que tienen prisa. Aquí están las llaves, menos mal. Tendremos que probarlo. Me cae fatal,° pero ellos no pueden otro día. Me voy, llama a tu hermana. Acuérdense de que tenemos que ir a almorzar a casa de la abuela.

El... a major newspaper in Caracas

Me... It's bad timing for me

ENRIQUE: Tranquila. A ver si tienes suerte. No dejes que te regateen el precio. Ah, y no los lleves por sitios malos, para que no se den cuenta de que tiene floja° la suspensión.

loose

CAROLA: Yo mentiras no les voy a decir.

ENRIQUE: Pues fue una sugerencia, nada más.

Carola baja en el ascensor y se encuentra en la calle con Diego y Lola, que están mirando el Ford.

DIEGO: Buenos días. ¿Es usted la dueña del carro? Supongo que es éste, ¿no?

CAROLA: El mismo. Vamos a dar una vuelta, si les parece, y les voy explicando.

Entran en el auto los tres.

LOLA: Está un poco descuidado. Le han dado más de un golpe, ¿no?

CAROLA: Es que lo han usado mucho mis hijos, que son poco detallistas.° Pero de motor está fenomenal, que es lo importante. No tiene más de 25.000 kilómetros. Además yo conozco un taller de reparaciones barato, donde, si van de mi parte, les arreglan la carrocería° en poco tiempo. ¡Vaya por Dios!

que... who don't pay much attention to details

body

DIEGO: ¿Qué pasa?

CAROLA: No sé, chico, que no arranca.

Comprension

A. ¿Qué pasó? *Escoja la letra que corresponde a la mejor respuesta.*

1. ¿Cuándo ocurre esta escena?
   a. el lunes por la tarde
   b. el domingo a las doce
   c. el sábado por la mañana
   ch. el domingo por la tarde

2. ¿Quiénes llaman a Carola desde la calle?
   a. Enrique y Lola
   b. Diego y su hermana
   c. sus hijos
   ch. Diego y Lola

3. ¿Quién es el/la dueño/a del carro que se vende?
   a. Carola
   b. Diego
   c. Enrique
   ch. la hija de Carola

4. ¿Qué nota Lola en cuanto al auto?
   a. Parece que no tiene más de 25.000 kilómetros.
   b. Parece que está muy limpio.
   c. Parece que no le han dado ningún golpe.
   ch. Parece que no está en perfectas condiciones.

5. ¿Por qué no pueden dar una vuelta en el carro?
   a. porque el motor no arranca
   b. porque Lola se marea
   c. porque Carola tiene que almorzar fuera
   ch. porque Carola no puede encontrar las llaves

B. ¿Qué conclusiones saca Ud.? *Conteste cada pregunta con una oración.*

1. ¿Cómo son las circunstancias económicas de la familia de Carola? _____

   _____

2. ¿Por qué está disgustada Carola cuando empieza a recoger la cocina? _____

   _____

3. ¿Cuál es el estado del carro de Carola? _____

   _____

4. ¿Cómo es la actitud de Carola en cuanto a la revelación de los defectos del carro? _____

_____

5. ¿Cómo describe Carola la condición del auto? _____

_____

Conclusion

Después de dividirse en grupos, inventen una conclusión a la **Conversación creadora** *Un auto en venta, siguiendo las instrucciones de su profesor/a. Consulten el* **Vocabulario útil** *al final del capítulo para ayuda con el vocabulario de los automóviles y las direcciones. En* **Más actividades creadoras** *(Sección CH, número 2) hay una lista de veinte síntomas de avería en un auto que también les puede ayudar.*

Instrucciones

_____

_____

Personajes

Carola _____

Enrique _____

Diego _____

Lola _____

_____

_____

Ideas para su conclusión

_____

_____

_____

_____

_____

Escenas

En parejas, hablen en español para solucionar y luego describir cada conflicto. El Vocabulario útil al final del capítulo les ayudará con estas escenas.

1. **A** You have just returned a rented car to an international car rental company at Barajas airport. You left the car with a full gas tank. When you take your turn at the counter, you find that your bill includes a surcharge of 3500 pesetas for filling the tank (approximately $35 U.S.; consult a newspaper or international bank for today's exchange rate). Explain that you filled the tank before delivering the car, and try to get the charge removed.

   B You have routinely added a charge for filling the gas tank to this customer's bill. Since you have no way of communicating with the employees who took back the car, you do not know how much gas was in the tank. Many customers remember the tank as full when in fact it is closer to empty by the time they get to the airport. Try to get him or her to accept the charge as standard procedure and move on.

2. **A** You are getting very tired of driving a long distance to your job each day, and you think that a new car will make the commute more fun. Today you saw a beautiful sports car that you want to buy. First, however, you must convince your spouse (who walks to work) that this will be the perfect car for weekend trips together. Try to persuade him or her that the two of you should buy it.

   B You and your spouse are planning to buy a new car soon, and you think that an all-terrain vehicle (**un vehículo para todo terreno** *[H.A.]*, **un todo-terreno** *[Sp.]*) would be ideal for weekend getaways together. Today you saw the one you want to buy. First, however, you must convince your spouse that this is a luxurious vehicle that would be fun to drive to work. Try to persuade him or her that the two of you should buy it.

3. **A** Three days ago you bought a used car. This morning in rush hour you got stuck in a traffic jam, and the car died. You now have had the car towed to the dealership from which you bought it. You are convinced that the car is defective, and want to get your money back.

   B You are a car salesperson who sold ten cars last week, and as far as you know each one was in good condition. When you check this car, you find that the wire to the distributor cap came loose (**el cable se desconectó de la tapa del distribuidor**). Once this minor problem is fixed, the car runs perfectly. Try to persuade this customer to keep the car. If this proves impossible, try to convince him or her to trade this car for a similar car on your lot.

4. **A** You have been living in Barcelona for two years, and now you have learned that your job will involve moving to Montevideo, Uruguay, for

the next two years. You own a wonderful, almost-new car that you would like to sell for a good price. Try to convince a prospective buyer that the car is worth the asking price of 1,800,000 pesetas (approximately $18,000 U.S.) or, at the very least, 1,500,000 pesetas (approximately $15,000 U.S.).

B You admire and want this almost-new car, but you are afraid of overpaying, since you know very little about cars. You have seen a similar car advertised for less in the newspaper. Try to get the price down to 1,000,000 pesetas (approximately $10,000 U.S.) so that you will be able to pay for repairs if the car breaks down.

Más actividades creadoras

*El **Vocabulario útil** al final del capítulo le ayudará con estas actividades.*

A. Dibujos. *Describa lo que está ocurriendo en los siguientes dibujos.*

B. Uso de mapas y documentos. *Fíjese en este anuncio norteamericano para contestar las siguientes preguntas.*

El Auto Deportivo Para Bolsillos Inteligentes.

Dodge Shadow ES.
Este automóvil ha logrado que la compra de un auto nuevo sea algo sensato una vez más. Con 45 características standard incluyendo estéreo AM/FM y una bolsa de aire para el conductor, descubrirás que el Shadow ES tiene el mismo sentido deportivo que tienes tú de la vida. ¡Llévate toda esta diversión por **$8,804** ° *y haz una compra inteligente!*

Dodge Shadow ES. Un Gran Triunfo de DODGE. La Division del Maximo Rendimiento.

SHADOW ES   LA NUEVA DODGE
UNA DIVISION DE LA CORPORACION CHRYSLER

1. Según el anuncio, ¿cuáles son las dos ventajas más importantes de este carro?

2. ¿A qué grupo de posibles compradores se dirige este anuncio?

3. En su opinión, ¿qué efecto tiene sobre el/la lector/a el uso de «tú» en vez de «Ud.» en este anuncio?

C. Respuestas individuales. *Piense en las siguientes preguntas para contestarlas en la forma indicada por su profesor/a.*

1. ¿Cómo sería su carro ideal? Descríbalo en detalle.

2. Indique la ruta que hay que seguir para manejar desde la universidad a su casa.

CH. Contestaciones en parejas. *Formen parejas para completar las siguientes actividades.*

1. Para Uds., además del precio del coche, ¿cuáles son los factores que más influyen en su decisión cuando compran un auto? Ordenen juntos esta lista de factores de 1 a 15 (siendo el primero el más importante). Luego, comparen su ordenación con las de otras parejas.

____ la potencia del motor

____ la economía del coche (el número de kilómetros que rinde por litro de gasolina)

____ el sistema de calefacción y aire acondicionado

____ el número de mecánicos expertos en este tipo de coche

____ la nación de origen (dónde fue fabricado)

____ el color

____ los aparatos de seguridad (bolsas de aire, cinturones automáticos)

____ los extras (la radio, el piloto automático, los asientos reclinables, etc.)

____ la dirección asistida *(power steering)*

____ el tamaño y el sitio para los pasajeros

____ el tipo de transmisión: automática o manual

____ la facilidad de conseguir piezas de repuesto

____ el tipo de frenos (de disco u otro)

____ el costo de las reparaciones

____ el número de puertas

2. ¿Conocen Uds. los indicios de algún problema con un auto? Indiquen cuáles de los siguientes síntomas de avería han sufrido personalmente uno o ambos de Uds. Luego, comparen sus experiencias (los números que han indicado) con las de otras parejas.

Veinte síntomas de avería en un auto

1. El motor no arranca.
2. Los frenos necesitan una presión excesiva.
3. El motor pierde potencia.
4. El coche tira hacia un lado.
5. La transmisión emite ruidos anormales.
6. Hay desgaste *(wear)* irregular de las llantas.
7. Se sienten vibraciones al conducir.
8. El auto consume demasiada gasolina.
9. Los cambios de la transmisión se producen erráticamente.
10. Se oye un ruido extraño.
11. El motor tiene una marcha abrupta.
12. La transmisión resbala.
13. El motor se recalienta.
14. Los indicadores de dirección no funcionan.
15. Hay dificultad para cambiar de marcha.
16. El indicador de presión de aceite se enciende con el motor en marcha.
17. Los frenos suenan al activarlos.
18. Los sistemas eléctricos no funcionan.
19. El carro no acelera.
20. El motor sigue funcionando después de cortar el encendido.

D. Proyectos para grupos. *Formen grupos de cuatro o cinco personas para completar estos proyectos.*

1. Diseñen anuncios para dos automóviles: uno para un auto o una camioneta *(minivan)* que compraría una familia con cuatro hijos y otro para un auto o una motocicleta que compraría un/a soltero/a joven.

2. Diseñen un coche para un/a universitario/a. Luego, hagan una presentación de su modelo a un grupo de compradores potenciales (la clase).

E. Discusiones generales. *La clase entera participará en discusiones usando como base las siguientes preguntas.*

℗RECIOS* NUEVOS

	1	2	3	4	5	6	7	8	9	10	11	12	13	14
MODELO	PVP	CC	CV	VM	0/100	L/100	Long.	AA	Pintura	Eleva.	Cierre	Direc.	ABS	Llantas
SEAT*														
Marbella Kiss	791.100	903	42	130	20,3	7,0	347,5	·	·	·	·	·	·	·
Marbella Maxi Moto	791.100	903	42	130	20,3	7,0	347,5˙	·	·	·	·	·	·	·
Marbella Jeans II	889.000	903	42	130	20,3	7,0	347,5	·	·	·	·	·	·	·
Marbella Special	899.000	903	42	130	20,3	7,0	347,5	·	13.696	·	·	·	·	·
Marbella CLX	974.100	903	42	130	20,3	7,0	347,5	·	13.696	·	·	·	·	·
Ibiza Friend 1.2 3p.	998.000	1.193	63	151	16,0	8,4	368,5	·	24.704	Serie	Serie	·	·	Serie
Ibiza Friend 1.2 i Cat. 3p.	1.068.000	1.193	70	157	14,5	7,5	368,5	·	24.704	Serie	Serie	·	·	Serie
Ibiza Friend 1.5 3p.	1.180.000	1.461	90	166	12,3	9,2	368,5	71.900	24.704	Serie	Serie	·	·	Serie
Ibiza Friend 1.5 i Cat. 3p.	1.250.600	1.461	92	175	12,1	7,7	368,5	71.900	24.704	Serie	Serie	·	·	Serie
Ibiza Sport 1.7 i 3p	1.461.000	1.675	105	184	10,0	8,1	368,5	71.900	24.704	Serie	Serie	·	·	Serie
Ibiza Sport 1.7 i Cat. 3p	1.506.100	1.671	102	182	10,4	8,2	368,5	71.900	24.704	Serie	Serie	·	·	Serie
Ibiza Friend 1.2 5p.	1.064.500	1.193	63	151	16,0	8,4	368,5	·	24.704	Serie	Serie	·	·	Serie
Ibiza Friend 1.2 i Cat. 5p.	1.134.500	1.193	70	157	14,5	7,5	368,5	·	24.704	Serie	Serie	·	·	Serie
Ibiza Friend 1.5 5p.	1.247.100	1.461	90	166	12,3	9,2	368,5	71.900	24.704	Serie	Serie	·	·	Serie
Ibiza Friend 1.5 i Cat. 5p.	1.317.100	1.461	92	175	12,1	7,7	368,5	71.900	24.704	Serie	Serie	·	·	Serie
Ibiza Sport 1.7 i 5p	1.527.500	1.675	105	184	10,0	8,1	368,5	71.900	24.704	Serie	Serie	·	·	Serie
Ibiza Sport 1.7 i Cat. 5p	1.572.600	1.671	102	182	10,4	8,2	368,5	71.900	24.704	Serie	Serie	·	·	Serie
Toledo 1.6 CL	1.666.000	1.595	72	170	13,2	7,6	432,1	169.800	38.496	·	·	74.000	·	·
Toledo 1.6 GL	1.781.000	1.595	72	170	13,2	7,6	432,1	169.800	38.496	·	·	74.000	·	70.900
Toledo 1.8i CL	1.817.100	1.781	90	182	12,0	8,8	432,1	169.800	38.496	·	·	Serie	·	·
Toledo 1.8i GL Sport	2.039.400	1.781	90	182	12,0	8,8	432,1	169.800	38.496	·	·	Serie	·	·
Toledo 1.8i GLX	2.245.400	1.781	90	182	12,0	8,8	432,1	169.800	38.496	Serie	Serie	Serie	154.800	70.900
Toledo 2.0i GL Sport	2.302.300	1.984	115	196	10,5	9,3	432,1	169.800	38.496	Serie	Serie	Serie	Serie	70.900
Toledo 2.0i GLX	2.481.200	1.984	115	196	10,5	9,3	432,1	169.800	38.496	Serie	Serie	Serie	Serie	70.900
Toledo 2.0i GLX Aut.	2.692.700	1.984	115	192	11,5	9,5	432,1	169.800	38.496	Serie	Serie	Serie	Serie	70.900
Toledo 2.0i GT	2.551.600	1.984	115	196	10,5	9,3	432,1	169.800	38.496	Serie	Serie	Serie	Serie	Serie
Toledo 2.0i GT Aut.	2.763.100	1.984	115	192	11,5	9,5	432,1	169.800	38.496	Serie	Serie	Serie	Serie	Serie
Toledo 1.8i GT 16V	2.814.500	1.781	128	208	8,8	9,5	432,1	·	38.496	Serie	Serie	Serie	Serie	Serie
Toledo 1.9 D CL	1.942.200	1.896	68	165	16,5	6,0	432,1	·	38.496	Serie	18.200	Serie	·	·
Toledo 1.9 D GL	2.059.600	1.896	68	165	16,5	6,0	432,1	·	38.496	Serie	18.200	Serie	·	·
Toledo 1.9 D GLX	2.273.200	1.896	68	165	16,5	6,0	432,1	·	38.496	Serie	Serie	Serie	·	70.900
Toledo 1.9 TD GL	2.130.500	1.896	75	171	13,5	6,5	432,1	169.800	38.496	Serie	18.200	Serie	·	70.900
Toledo 1.9 TD GLX	2.344.100	1.896	75	171	13,5	6,5	432,1	169.800	38.496	Serie	Serie	Serie	154.800	70.900

NOTA: Todos los modelos de la gama Seat Marbella están disponibles con carburador electrónico a un sobreprecio de 50.000 ptas. Todos los modelos de la gama Seat Toledo están equipados con catalizador.

SEAT

OFERTAS

Marbella: Desde 50.00 a 117.00 pesetas de descuento según versiones. **Ibiza Friend 1.2i catalizado:** Descuento de 77.000 pesetas. **Ibiza Friend 1.5i catalizado:** 60.000 pesetas de descuento. **Ibiza:** Financiación especial en la cual se paga desde 7.900 pesetas al mes durante el primer año y 24.816 pesetas en 14 cuotas anuales los tres años siguientes. **Toledo GLX:** 100.000 pesetas de descuento. **Toledo Sport:** Descuento de 100.000 pesetas. **Toledo GT 2.0:** 200.000 pesetas de descuento. **Toledo GT 16V:** Descuento de 200.000 pesetas.

* Todos los precios se dan en pesetas. Aproximadamente cien pesetas equivalen un dólar americano. Para calcular el cambio con precisión, es necesario consultar un periódico reciente o con un banco. La designación «serie» (*standard*) sustituye un precio cuando no hay ningún costo adicional.

1. **PVP** = precio de venta al público — *retail price*
2. **CC** = centímetros cúbicos (de cilindrada) — *cubic centimeters (of cylinders)*
3. **CV** = caballos de vapor — *horsepower*
4. **VM** = velocidad máxima (en kilómetros/hora) — *top speed (in kilometers per hour)*
5. **0/100** = aceleración; el tiempo en segundos para conseguir alcanzar los 100 km/hora — *acceleration; seconds needed to reach a speed of 100 km/hr*
6. **L/100** = consumo de gasolina, en litros, para hacer 100 km; normalente medido a 90 km/h — *gasoline consumption, in liters, for 100 kilometers of driving; usually measured at a speed of 90 km/hr*
7. **Long.** = longitud del vehículo, en centímetros — *vehicle length, in centimeters*
8. **AA** = aire acondicionado — *air conditioning*
9. **Pintura** = pintura metalizada — *metallic paint*
10. **Eleva.** = sistema de elevalunas eléctrico — *electric windows*
11. **Cierre** = cierre eléctrico de puertas — *electric door locks*
12. **Direc.** = dirección asistida — *power steering*
13. **ABS** = sistema ABS de frenado contra patinazos — *anti-lock brake system (ABS) that prevents skidding*
14. **Llantas** = llantas deportivas, con aros de aleación ligera, generalmente de magnesio — *sporty tires with lightweight metal rims, usually of magnesium*

1. ¿Cuáles son algunas conclusiones que se pueden sacar de esta tabla de información sobre los coches españoles SEAT?

2. Lleven a cabo una encuesta de los autos favoritos de los miembros de la clase, en dos clasificaciones: (1) carros que posiblemente comprarían al graduarse de la universidad y (2) carros que comprarían si ganaran la lotería.

Vocabulario util
Otras partes de un automóvil

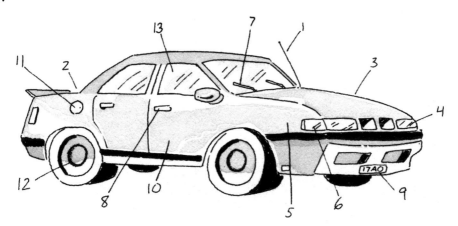

la antena **(1)**
el baúl, el maletero **(2)**
el capó **(3)**
el faro **(4)**
el guardafango **(5)**
el indicador de dirección *(H. A.)*,
   el intermitente *(Sp.)* **(6)**
el limpiaparabrisas **(7)**

el picaporte **(8)**
la placa (de matrícula) *(H. A.)*,
   la chapa (de matrícula) *(Sp.)* **(9)**
la puerta *(H. A.)*, la portezuela *(Sp.)* **(10)**
el tanque **(11)**
el tapacubos **(12)**
la ventanilla **(13)**

El mantenimiento de un automóvil

Sustantivos

el anticongelante	*antifreeze*
el aro	*tire rim*
la bujía	*spark plug*
el cable	*wire or cable*
la caja de cambios	*gearbox*
el cambio *(H. A.)*, la marcha *(Sp.)*	*gear or gear shift*
la camioneta	*minivan*
la carga de la batería	*battery charge*
la carrocería	*body*
el concesionario	*dealer or showroom*

la dirección/dirección asistida	*steering/power steering*
el embrague	*clutch*
el encendido	*ignition*
el fusible	*fuse*
la gata *(H. A.)*, **el gato** *(Sp.)*	*jack*
el kilometraje	*mileage* (in kilometers)
la licencia	*driver's license*
el líquido de frenos	*brake fluid*
la matrícula	(car) *registration*
la palanca de cambios, la palanca selectora	*manual or automatic gear-shift stick*
el piloto automático	*cruise control*
el pinchazo, el ponchazo *(Mex.)*	*(tire) puncture, blowout*
la potencia, la fuerza	*power*
la presión	*pressure*
el refrigerante	*coolant*
el sistema de aire acondicionado	*air-conditioning system*
el sistema de calefacción	*heating system*
el tablero de instrumentos	*dashboard gauges*
el tornillo	*screw*
la válvula	*valve*
la velocidad	*speed*

Verbos

apretar (ie)	*to tighten*
consumir, gastar	*to consume*
cortar el encendido, apagar	*to turn off the ignition*
desgastar (se)	*to wear out*
desperdiciar	*to waste*
estropear (se)	*to break*
funcionar	*to work*
hacer/meter cambios *(H. A.)*, **cambiar de marcha** *(Sp.)*	*to change gears*
perder potencia/fuerza	*to lose power*
poner en marcha	*to start up; to put in gear*
recalentar (ie)	*to overheat*
rendir (rinde)	*to yield*
resbalar	*to slip, to slide, to skid*
sonar (ue)	*to sound, to make a noise*

Adjetivos

encendido/a, prendido/a	*started up, ignited*
cargado/a, descargado/a	*charged/not charged*
flojo/a	*loose*
vacío/a	*empty*

VOCABULARIO INDIVIDUAL

_____   _____

_____   _____

_____   _____

_____   _____

Las direcciones y el tráfico

SUSTANTIVOS

las afueras	*outskirts*
el arcén (de la carretera)	*shoulder (of a highway)*
la autopista	*superhighway, freeway*
la carretera	*highway*
la circulación	*traffic flow*
la desviación, el desvío	*detour*
el embotellamiento	*traffic jam (bottleneck)*
la esquina	*street corner*
el/la peatón/ona	*pedestrian*
el semáforo	*traffic light*
la señal de tráfico	*traffic sign*
el transporte colectivo	*public transportation*

VERBOS

dar la vuelta	*to turn around*
estar en rojo/verde/amarillo	*to be red/green/yellow*
exceder la velocidad máxima	*to speed*
girar, doblar	*to turn*
retroceder, volver hacia atrás	*to go back, to back up*
seguir derecho/recto	*to go straight ahead*

PREPOSICIONES

a la derecha/izquierda	*to the right/left*
a la vuelta (de la esquina)	*around the corner*
frente a	*facing, in front of*
hacia arriba, calle arriba	*up the street*
hacia abajo, calle abajo	*down the street*

EXPRESIONES

¡Alto!	*Stop!*
aparcado/estacionado en segunda fila	*double parked*
ponerle (a alguien) una multa	*to impose a fine on (someone)*
subirse a/bajarse de un coche	*to get into/out of a car*

Vocabulario individual

_____   _____

_____   _____

_____   _____

_____   _____

_____   _____

12

Los teléfonos y el empleo

Objetivos: *Aprender a...*

▲ *hacer una súplica por teléfono.*
▲ *participar en los rituales de las conversaciones telefónicas.*

NOTAS CULTURALES

Hispanoamérica

Operadoras telefónicas en México

El arte de la conversación telefónica practicado por los hispano-americanos es apreciable. Para muchas personas no hay nada como una conversación breve entre amigos a cualquier hora del día o de la noche. Aunque los contestadores automáticos° se han difundido° en algunos países, todavía se prefiere la voz humana para tomar algún recado.°

En los últimos años lo que sí ha alcanzado gran popularidad en Hispanoamérica es el teléfono celular.° Con estos teléfonos portátiles° el hombre o la mujer de negocios se puede comunicar con quienquiera, en su auto o en cualquier lugar. En la Ciudad de México, por ejemplo, es muy común ver tanto a hombres como a mujeres hablando por teléfono en tiendas, restaurantes o caminando por las calles.

Según las estadísticas actuales, el teléfono no sólo representa el nivel económico de una persona sino también el nivel de desarrollo económico del país. La República Dominicana, por ejemplo, tiene un tercio° del número de teléfonos por persona que tiene la Argentina, que es mucho más industrializado.

contestadores... answering machines
se... have become widespread message

teléfono... cellular phone portable

un... one third

Hay personas que todavía no tienen la ventaja de tener un teléfono en casa, y tienen que depender de algún vecino que tenga uno. Por otra parte, especialmente en las grandes ciudades, no es nada raro encontrar familias que tienen tres o más teléfonos en sus hogares, además de un teléfono portátil en el carro.

Hay muchos teléfonos públicos. Estos aceptan monedas, fichas° o tarjetas magnéticas para pagar las llamadas,° dependiendo de la localidad.

tokens / calls

España

Una cabina telefónica en Barcelona

En España, cada día se amplía más la red de abonados° telefónicos, y a veces esto provoca la saturación de las líneas, la tardanza en oír la señal para marcar,° o algún cruce° de conversaciones, sobre todo en las grandes ciudades.

subscribers

señal... dial tone / crossing

En Madrid y en Barcelona las guías telefónicas° constan de° tomos° en los que los apellidos se encuentran ordenados alfabéticamente, y de otros en los que se puede localizar al abonado por la calle o plaza en que vive. Esto es muy útil en caso de conocer solamente sus señas.

guías... phone books / constan... consist of
volumes

Son muy frecuentes los bares que cuentan con un teléfono para uso público, y a veces hay cola para llamar. También existen cabinas telefónicas° en la calle. Tanto éstas como los teléfonos de los bares funcionan con monedas de un, dos, cinco,

cabinas... phone booths

diez o veinte duros.° Ahora también se están introduciendo nuevos teléfonos públicos «modulares» que sólo aceptan tarjetas telefónicas. La tarjeta tiene un valor de 1.000 o 2.000 pesetas y el precio de la llamada se descuenta de este total.

un duro = cinco pesetas

El horario para llamar a un amigo es mucho mas flexible que en otros países, debido a que en general, la gente en España se acuesta más tarde. Por ejemplo, el último telediario de noticias, que muchas personas se quedan a ver, termina después de medianoche. No es infrecuente llamar a los amigos simplemente para charlar un rato o para sentir su compañía. Una frase que se usa mucho entre amigos es: «No te llamaba para nada. Simplemente para charlar.»

Aunque los teléfonos celulares son todavía una novedad,° es corriente° tener contestadores automáticos. Los mensajes que se graban en ellos, invitando a la gente a dejar su recado, se suelen variar, y hay un cierto gusto porque sean divertidos e imaginativos, paliando° la impersonalidad del aparato.

novelty
currently popular

alleviating

En las casas con teléfono puede haber más de un aparato telefónico, pero eso ya es un símbolo de un nivel económico más bien elevado.

VOCABULARIO BASICO

El teléfono

SUSTANTIVOS

el auricular	*telephone receiver*
la cabina telefónica	*phone booth*
el contestador automático	*answering machine*
el cordón, la cuerda	*wire, cord*
la llamada	*call*
el prefijo, el código de área *(H. A.)*, el código telefónico *(H. A.)*, el código territorial *(Sp.)*	*area code*
el recado, el mensaje	*message*
la señal de línea *(H. A.)*, la señal para marcar *(Sp.)*	*dial tone*
la señal de ocupado	*busy signal*

VERBOS

aceptar el pago	*to accept the charges*
cobrar al número llamado	*to reverse the charges*
colgar (ue)	*to hang up*
cortar (la comunicación)	*to cut off (a call)*
equivocarse de número, estar equivocado/a de número	*to dial (reach) a wrong number*

marcar	*to dial*
sonar (ue)	*to ring, to sound*

ADJETIVOS

a cobro revertido	*collect*
común, entre estaciones, con quien conteste	*station-to-station, direct dial*
de larga distancia	*long distance*
de persona a persona	*person-to-person*
portátil	*portable*

EXPRESIONES

Aló, Hola *(H.A.),*[1] **¡Diga!, ¡Dígame!** *(Sp.)*	*Hello (to a phone caller)*
dar con (alguien)	*to reach (someone)*
¿De parte de quién?	*Whom may I say is calling?*
Póngame con él/ella (ellos).	*Put him/her (them) on (the line).*
Póngamelo/la (/los). *(H.A.)*	

PRACTICA DEL VOCABULARIO BASICO

A. Definiciones en oraciones. *Llene cada espacio en blanco con la forma correcta de la palabra más apropiada de la siguiente lista.*

el auricular	la cabina telefónica
el contestador automático	el recado
la llamada	la señal de línea
la señal de ocupado	aceptar el pago
cobrar al número llamado	equivocarse de número
marcar	con quien conteste
a cobro revertido	de persona a persona
Póngame con él.	

1. _____ es una máquina que graba recados por teléfono.

2. Cuando dos personas están comunicándose en una línea, otra persona que llama oye

   _____ .

3. Para hablar con alguien por teléfono, hay que hacer _____ .

4. En la calle, se puede hablar por teléfono desde _____ .

5. _____ dejado con otra persona le da información a alguien que no puede venir al teléfono.

---

[1]Otros saludos telefónicos son **¡Oigo!** (Puerto Rico), **¡Bueno!** (México) y **¡A ver!** (Colombia).

6. _____ indica que se puede hacer una llamada.

7. Cuando hay una llamada a cobro revertido, alguien tiene que

   _____ .

8. La instrucción «_____» indica que el destinatario
   aceptará una llamada que fue contestada por otra persona.

9. Una llamada _____ es pagada por el recipiente.

10. Generalmente se usa el dedo índice para _____ un
    número de teléfono.

11. Durante una llamada telefónica, _____ se usa para
    hablar y para escucharle al interlocutor.

12. Si alguien quiere que el recipiente pague una llamada, es posible

    _____ a través de la operadora.

13. Es muy fácil _____ al marcar, necesitando una
    disculpa.

14. Una llamada _____ se hace sin precisar la persona a
    la que busca.

15. Una llamada _____ especifica el único destinatario posible.

B. Sinónimos o antónimos. *Para cada par de palabras, indique si el significado es igual (=) o lo opuesto (≠).*

1. ¡Diga!   _____   ¡Hola!
2. sonar   _____   callar
3. ¿De parte de quién?   _____   ¿Quién habla?
4. cortar la comunicación   _____   hablar sin interrupciones
5. Póngame con ella.   _____   Dígale que llame más tarde.
6. la señal para marcar   _____   la señal de línea
7. el contestador automático   _____   la máquina recepcionista
8. de persona a persona   _____   llamada de larga distancia
                                           para una persona específica
9. de larga distancia   _____   local
10. portátil   _____   movible
11. dar con   _____   encontrar
12. colgar   _____   levantar el auricular
13. el código de área   _____   el prefijo
14. cobrar al número llamado   _____   pagar la llamada uno mismo
15. la llamada   _____   la acción y el efecto de llamar

C. Analogías. *Subraye la respuesta más apropiada para duplicar la relación que existe entre las palabras modelo.*

Ejemplo: la clase: la universidad

el libro: a. el diccionario

b. divertirse

c. <u>la biblioteca</u>

1. caliente: frío

   permanente: a. sonar

   b. portátil

   c. común

2. bueno: malo

   marcar bien: a. equivocarse de número

   b. hacer una llamada

   c. ¡Diga!

3. el clima tropical: la nieve

   el teléfono celular: a. la llamada

   b. el código de área

   c. el cordón

4. invitar: decir que «sí»

   cobrar al número llamado: a. la llamada de larga distancia

   b. aceptar el pago

   c. de persona a persona

5. usar una llave: abrir

   marcar: a. sonar

   b. ¿De parte de quién?

   c. colgar

6. el teléfono: el número de teléfono

   el mensaje: a. el recado

   b. ¿De parte de quién?

   c. estar equivocado de número

7. despedirse: ¡Hasta luego!

   saludar: a. a cobro revertido

   b. ¡Aló!

   c. ¡Póngamelo!

8. emprender: empezar

   terminar a. el cordón

   b. aceptar el pago

   c. colgar

9. hablar: charlar

   interrumpir: a. cortar la comunicación
   b. aceptar el pago
   c. ¿De parte de quién?

10. andar: parar

    la señal de línea: a. a cobro revertido
    b. la señal de ocupado
    c. una llamada común

CH. Oraciones. *Escoja la letra de la(s) palabra(s) que complete(n) mejor cada oración.*

1. Guadalupe oye sonar el teléfono y levanta _____ .
   a. el auricular   b. la cuerda

2. Andrés necesita hacer una llamada desde la calle y no cuenta con un teléfono celular; busca _____ .
   a. un contestador automático   b. una cabina telefónica

3. Ana María quiere llamar a una amiga en Nueva York, pero primero necesita averiguar su _____ .
   a. código de área   b. portátil

4. Alejandro tropieza cuando se enreda con _____ del teléfono.
   a. el recado   b. el cordón

5. Juana sabe de memoria el teléfono de su mejor amiga y lo puede _____ sin buscarlo.
   a. marcar   b. colgar

6. A Roberto no le importa quién contesta su llamada, y puede ahorrar dinero haciéndola _____ .
   a. de persona a persona   b. entre estaciones

7. A Rosa le falta dinero, y cuando llama a sus padres en otra ciudad lo hace _____ .
   a. a cobro revertido   b. de persona a persona

8. El novio de Clara vive en otra ciudad, y para hablar con él tiene que hacer una llamada _____ .
   a. de larga distancia   b. ¿De parte de quién?

9. El candidato está muy nervioso cuando llama por teléfono y _____ la directora de la empresa.
   a. suena   b. da con

10. La niña no sabe quién habla, y antes de pasar el teléfono a su padre le pregunta al señor que quiere hablarle: _____
    a. —¿De parte de quién?   b. —¿Se equivoca Ud. de número?

CONVERSACION CREADORA

Una conversación telefónica

Personajes

DANIEL, 50 años, director de una famosa academia de idiomas
SECRETARIA JOVEN
ERNESTO, 35 años, profesor de inglés sin trabajo

Escenario

Despacho° de Daniel en Ponce, Puerto Rico. Mesa de gran tamaño° con muchos papeles y un teléfono con varios botones. Suena una línea. Daniel levanta el auricular.

private office
size

VOZ SECRETARIA:	Don Daniel, le paso una llamada por la línea dos.
DANIEL:	¿Quién es?
VOZ SECRETARIA:	Ernesto López; dice que usted lo conoce.
DANIEL:	No sé, no me acuerdo... Bueno, póngamelo. *(Aprieta un botón)* Aló... ¡Aló!
VOZ ERNESTO:	Don Daniel, le llamo por lo del anuncio de *El Nuevo Día.*° «Se requiere licenciatura en el idioma, experiencia en el extranjero° y dos años como mínimo de enseñanza del idioma...»

El... major daily newspaper in Puerto Rico
abroad

DANIEL:	*(Interrumpiéndole)* Sí, sí, no me recite el anuncio, que lo he escrito yo y me lo sé de memoria. Pero perdone, esta cuestión es cosa de mi secretaria y es a ella a quien hay que mandarle el resumé. Hay muchos aspirantes° y no los puedo atender personalmente.
VOZ ERNESTO:	Sí, ya sé que hay mucho desempleo.° Pero yo, don Daniel, quería hablar con usted. Fui alumno suyo en el curso que dio hace años en el campus de Río Piedras de la Universidad de Puerto Rico,[2] usted me apreciaba mucho y me animó° a seguir con la enseñanza del inglés. Soy Ernesto, tiene que acordarse, un chico alto, moreno°... No es que yo esté buscando una pala.° Es que, de verdad, me encanta la enseñanza. Y fue usted el que me metió en este camino.° Sólo le pido que se fije con cuidado en mi resumé.

applicants

unemployment

encouraged

dark
special favor

me... started me off

COMPRENSION

A. ¿Qué pasó? *Conteste cada pregunta con una oración.*

1. ¿Dónde tiene lugar esta conversación? _____

2. ¿Por qué le llama Ernesto a don Daniel? _____

3. ¿De qué trata el anuncio que menciona Ernesto? _____

4. ¿Dónde se conocieron Ernesto y Daniel? _____

5. ¿Qué tipo de carrera busca Ernesto? _____

---

[2]Este es el campus de la Universidad de Puerto Rico con mayor importancia para las humanidades.

B. ¿Qué conclusiones saca Ud.? *Indique la letra que corresponde a la mejor respuesta.*

1. ¿Qué adjetivo describe mejor a don Daniel aquí?
   a. impaciente
   b. amable
   c. relajado
   ch. interesado

2. ¿Por qué le interrumpe don Daniel a Ernesto cuando está hablando?
   a. No puede oírle bien a Ernesto.
   b. No quiere hablar con Ernesto.
   c. Quiere atender a todos los candidatos personalmente.
   ch. No quiere perder tiempo escuchando su propio anuncio.

3. ¿Cómo ha influído don Daniel en la vida de Ernesto?
   a. Don Daniel le inspiró a ser profesor de inglés.
   b. Don Daniel le dio su primer empleo.
   c. Don Daniel le inspiró a ser alumno en la facultad de humanidades.
   ch. Don Daniel todavía no ha tenido ninguna influencia en su vida.

4. ¿Por qué se describe Ernesto a sí mismo?
   a. porque está muy orgulloso de su apariencia física
   b. porque quiere ayudar a don Daniel a acordarse de él
   c. porque cree que esto le ayudará en la entrevista
   ch. porque no está seguro de haber conocido a don Daniel

5. ¿Por qué le dice Ernesto a don Daniel que no busca una pala?
   a. porque una pala no le ayudaría a Ernesto
   b. porque Ernesto necesita mucha ayuda
   c. porque el único favor que busca Ernesto es una oportunidad
   ch. porque Ernesto no tiene confianza en sus dotes profesionales

CONCLUSION

*Después de dividirse en grupos, inventen una conclusión a la **Conversación creadora** Una conversación telefónica, siguiendo las instrucciones de su profesor/a. Consulten el **Vocabulario útil** al final del capítulo para ayuda con el vocabulario de las telecomunicaciones y el empleo.*

Instrucciones

Personajes

Ernesto _____

Daniel _____

Secretaria _____

_____

Ideas para su conclusión

_____

_____

_____

_____

_____

Escenas

*Siéntense de espaldas, fingiendo el uso de dos teléfonos (o llámense por teléfono fuera de clase). En parejas, hablen en español para solucionar y luego describir cada conflicto. El **Vocabulario útil** al final del capítulo les ayudará con estas escenas.*

1. **A** You want to go on a terrific new study abroad program based at the Universidad Central in Quito, Ecuador. Unfortunately, however, your application is late. Call the professor at your university who is in charge of the program, and convince him or her that you would be a valuable addition to the program.

   B You have filled all twenty places for the study abroad program that you are leading to Quito. Although it would be possible to take one more student, you are not sure that someone who applies late is a responsible individual. Try to persuade him or her to apply next year if he or she still wants to go.

2. **A** You are an Olympic-caliber North American skier and you want to work during the U.S. off season. You would like to give ski lessons and perfect your own skiing in Valle Nevado, Chile, the magnificent ski resort 40 miles from Santiago. Try to convince the director of the Valle Nevado ski school that you are qualified for the job, will work very hard, and are easy to get along with. Offer to pay your own airfare if he or she gives you a job.

B You are the head of the Valle Nevado ski school, and you have been recruiting ski instructors from Switzerland and Austria. You once hired a North American ski instructor to work at another ski resort; that person was lazy and quit. See if you can convince this applicant to work without pay for a month, in exchange for lodging and good skiing. Then, if you like him or her, you can offer this applicant a job for the rest of the season. If you must, offer to pay his/her airfare.

3. **A** You have just moved to Buenos Aires from Mexico City, and you need a phone in your apartment. You have called your phone company twice in the past two weeks, but the company has not sent out a phone.[3] Ask to speak to an office manager to try to get a phone as soon as possible. Explain that you have urgent business that depends on having a phone and a fax machine (**una máquina fax**). You are willing to pay an additional surcharge to get the phone installed immediately.

B You are a middle manager at a phone company. There is a waiting list for phones; this customer is near, but not at the top of the list. You would have to deliver the phone yourself after work, during the time you plan to use to shop for a present for a colleague who retires next week. Try to get this customer to wait his/her turn.

4. **A** You and your partner have reservations for a Sunday–to–Saturday stay at the luxurious Ixtapan Hotel and Spa in the village of Ixtapan de la Sal, two hours' drive from Mexico City. You were planning on enjoying a week of the Health and Beauty Institute (**el Instituto de Salud y Belleza**) at the hotel, and on losing a few pounds (**unos kilos**) also. Unfortunately, your partner has just called you to say that he or she has to go to Caracas on business from Wednesday through Friday. Call the hotel's toll-free number to change your reservations to Sunday until Tuesday. (*Note:* be prepared to call back if you are cut off.)

B You are a reservations clerk at the Ixtapan Hotel and Spa who has been instructed to schedule Health and Beauty Institute clients for Sunday–to–Saturday stays. Tell this client that if he or she wants to enjoy this plan, it must be for the days already scheduled. Explain that the spa is closed on Sunday, so a Sunday–to–Tuesday schedule would include only one spa day. Try to convince the caller that it is worthwhile to schedule his/her stay separate from his/her partner's, to enjoy the benefits of the spa. (*Note:* During this call you will be cut off twice. You must apologize and try to overcome your caller's annoyance, perhaps by calling him or her back.)

---

[3]Since telephone service was privatized in 1990, one company, Telefónica, handles phone service in the southern half of Buenos Aires. Another company, Telecom, handles service in the northern half of the city.

Más actividades creadoras

*El **Vocabulario útil** al final del capítulo le ayudará con estas actividades.*

A.   Dibujos. *Describa lo que está ocurriendo en los siguientes dibujos.*

B. Uso de mapas y documentos. *Refiérase a esta factura para contestar las siguientes preguntas.*

Telefónica	Factura n°	27-D206-273982	Fecha emisión	1-09-93
	Titular	VELOSO, SOFIA		
	Domicilio	AVENIDA DE PRADOS, 30;		

Población	EL BOALO	Núm. Abono	8595139	D.N.I.-C.I.F.	000446417
Detalle de conceptos					Importe (Ptas.)

```
1. CUOTAS DE ABONO. AGOSTO 93-SEPTIEMBRE 93          PESETAS        MESES
        1 LINEA INDIVIDUAL                          1.135,00    X    2        2.270,00
        1 EQUIPO PRINCIPAL TEIDE                      300,00    X    2          600,00

3. SERVICIO AUTOMATICO                                            PRECIO
                 LECTURAS                           PASOS          PASO
        04 MAY (0033720) A 15 MAY (0034121)           401    X    3,90      1.563,90
        15 MAY (0034121) A 03 JUL (0034506)           385    X    4,14      1.593,90

                                    TOTAL IMPORTES                          6.027,80
        BASE IMPONIBLE 6.207,80     I.V.A. APLICABLE (15%)                    904,17
                                    TOTAL A PAGAR                           6.932,00
```

1. ¿Cómo se mide *(measure)* el uso telefónico?

2. ¿Cuánto cuesta una línea individual por un mes?

3. ¿Qué impuesto hay que pagar, y cuánto es?

C. Respuestas individuales. *Piense en las siguientes preguntas para contestarlas en la forma indicada por su profesor/a.*

1. ¿Cuántos teléfonos hay donde vive Ud., y dónde se encuentran? Describa cómo son usados, y por quién. ¿Suele surgir algún problema relacionado con su uso? Conteste las mismas preguntas respecto a los teléfonos en la casa de sus padres.

2. Describa una casa en la que se vean satisfechos todos sus deseos para la telecomunicación. ¿Qué tipo de máquinas y cuántos aparatos tendría Ud.?

CH. Contestaciones en parejas. *Formen parejas para completar las siguientes actividades.*

1. Entrevístense para un puesto importante en una gran empresa automovilística internacional. Pregúntele a su compañero/a sobre su educación, conocimientos adquiridos, idiomas y experiencia de trabajo.

2. Piense cada uno en un recado telefónico muy específico, que contiene un nombre y un número de teléfono, y escríbalo en un papel. Ahora, siéntense de espaldas, fingiendo que están hablando por teléfono, y

transmita cada uno el recado a su compañero/a. Cambien de papeles
para dejar otro recado. Luego, comparen los recados apuntados con los
originales.

D. **Proyectos para grupos.** *Formen grupos de cuatro o cinco personas para
completar estos proyectos.*

1. Preparen una campaña de publicidad para vender contestadores
   automáticos en Hispanoamérica, para uso en los hogares y en las
   empresas. Luego, presenten su campaña a los directores de la
   compañía que fabrica estas máquinas (los demás estudiantes de la
   clase). Preparen otra campaña para vender teléfonos celulares en
   España, y preséntenla a la clase.

2. Aquí hay un anuncio para un puesto de maestro de inglés en un
   colegio de idiomas en Barcelona:

Se necesita maestro de inglés

Se requiere licenciatura en el idioma,
experiencia en el extranjero y experiencia mínima de dos años enseñando el
idioma; se ofrece puesto de responsabilidad en organización internacional
en fase de desarrollo, y remuneración
altamente competitiva, según la valía del
candidato. Llame al 83-20-43.

Escojan un miembro del grupo para ser el/la aspirante para el puesto.
Los otros miembros del grupo serán maestros en un comité de
selección en el colegio de idiomas. Lleven a cabo una entrevista de
cada candidato/a, con cada maestro/a haciéndole dos preguntas.
Luego, cambien de papeles, dando a cada estudiante la oportunidad
de ser el/la aspirante. Apunten sus impresiones de cada candidato/a
para escoger luego a la persona mejor capacitada para el puesto.
Incluyan preguntas de la siguiente lista.

Preguntas propias de las entrevistas para solicitar empleo

1. ¿Por qué debemos contratarlo/la a Ud.?

2. ¿Qué puede ofrecerle a esta empresa?

3. ¿Qué experiencia tiene Ud. en este campo?

4. ¿Cómo se describe a sí mismo/a?

5. ¿Cuáles son sus puntos fuertes?

6. ¿Cuáles son sus puntos débiles?

7. ¿Puede Ud. adaptarse al ambiente de trabajo de esta compañía?

8. ¿Puede Ud. mudarse a otra localidad si el puesto lo exige?

9. ¿Cuánto aspira ganar?

10. Profesionalmente, ¿dónde piensa estar dentro de cinco años? ¿Diez años?

E. Discusiones generales. *La clase entera participará en estas actividades.*

1. Siéntense en círculo para este juego de comunicaciones. La primera persona pensará en una observación y se la dirá en voz baja directamente en el oído de la persona a su izquierda. El/la recipiente del mensaje repetirá lo que acaba de oír, otra vez en voz baja, en el oído de la persona a su izquierda. Repitan las comunicaciones hasta llegar a la última persona: él/ella repetirá en voz alta el mensaje que acaba de oír. ¿Qué tipo de distorsión existe en el mensaje?

2. Lleven a cabo una encuesta entre los miembros de la clase para detallar su uso del teléfono. Algunas preguntas que se pueden hacer son: ¿Cuánto tiempo pasa cada semana hablando por teléfono? ¿Cuánto gasta en su cuenta de teléfono? ¿Cómo se compara su uso del teléfono en la universidad con su uso del teléfono en casa?

VOCABULARIO UTIL
Las telecomunicaciones

SUSTANTIVOS

el/la abonado/a (telefónico)	*subscriber (to phone service)*
el cuadro de distribución	*switchboard*
el dígito, el número	*number*
el directorio telefónico (*H. A.*), **la guía telefónica** (*Sp.*)	*telephone directory*
la extensión	*extension phone*
el/la interlocutor/a	*other speaker (party)*
la línea compartida	*party line* (shared phone line)
la línea particular	*private phone line*
la máquina fax	*fax (facsimile) machine*
el/la operador/a	*operator*
el paso	*step; increment of phone use*
la red	*network*
el teléfono celular	*cellular* (mobile) *phone*
el teléfono público	*pay phone*

VERBOS

apuntar	*to write down*
comunicar	*to talk on the phone*
contestar	*to answer*
deletrear	*to spell out*
levantar *(H. A.)*, coger *(Sp.)*	*to pick up* (the receiver)
llamar al 06 *(Mex.)*, llamar al 091 *(Sp.)*	*to call 911* (emergency)
volver a llamar	*to call again*

ADJETIVOS

inalámbrico/a	*cordless*

EXPRESIONES

¿Cuándo vuelve?	*When will he/she be back?*
La línea está ocupada. *(H. A.)*, Están comunicando. *(Sp.)*	*The line is busy.*
¿Puedo dejarle un recado?	*May I leave a message?*

VOCABULARIO INDIVIDUAL

_____   _____

_____   _____

_____   _____

_____   _____

_____   _____

El empleo

SUSTANTIVOS

el archivo	*file*
el/la aspirante, el/la candidato/a, el/la solicitante *(Sp.)*	*applicant*
el cargo	*job, assignment*
la computadora, el ordenador *(Sp.)*	*computer*
el currículum [vitae]	*résumé*
el/la desempleado/a *(H. A.)*, el/la parado/a *(Sp.)*	*unemployed person*
el desempleo *(H. A.)*, el paro *(Sp.)*	*unemployment*
el/la empleado/a	*employee*
la empresa	*business firm*
el/la empresario/a	*entrepreneur*
el/la entrevistador/a	*interviewer*
la firma	*signature*
el hombre/la mujer de negocios	*businessman/woman*
la jubilación, el retiro	*retirement*
la mecanografía	*typing*

el motivo	*reason, cause*
el/la oficinista	*office worker*
el organismo	*organization*
la programación	*programming*
el punto débil	*weakness*
el punto fuerte	*strength, strong suit*
el secretariado	*secretarial skills*
el sindicato, el gremio	*union*
la solicitud, la petición de empleo	*job application*
el sueldo, el salario, la remuneración	*salary*
la valía	*worth*

V E R B O S

comprobar (ue)	*to verify*
contratar a alguien	*to hire someone*
despedirse (i) de alguien	*to fire someone*
fracasar	*to fail*
impresionar	*to impress*
jubilarse, retirarse	*to retire*
tener éxito	*to succeed*

E X P R E S I O N E S

estar agobiado/a de trabajo	*to be overworked*
estar capacitado/a para el puesto	*to be qualified for the job*
hacer horas extraordinarias	*to work overtime*
la oferta y la demanda	*supply and demand*
la palanca *(H. A.),* **la pala** *(P.R.),* **el enchufe** *(Sp.)*	*job or other favor gotten through political pull or personal connections*
ser algo perezoso/a	*to be somewhat lazy*
ser muy trabajador/a	*to be a hard worker*

V O C A B U L A R I O   I N D I V I D U A L

_____   _____

_____   _____

_____   _____

_____   _____

_____   _____